Pourquoi allons-nous travailler ?

Semaines sociales de France

Pourquoi allons-nous travailler ?

Actes de la 98ᵉ session
12 octobre 2024 à Reims
23 et 24 novembre 2024
À Paris et en ligne

Cette 98ᵉ rencontre des Semaines sociales de France a été préparée par : Charles Dalens, Emmanuelle Enrici, Frédéric Falleur (entrepreneur et dirigeant chrétien), Philippe Garabiol, Isabelle de Gaulmyn, Laurent de Mautort, Olivier Paquier, Alban Sartori, Daniel Verger (Secours catholique), Éric Wendling.

www.ssf-fr.org

La session des 23 et 24 novembre 2024 est accessible en replay
sur le site des Semaines sociales de France
www.ssf-fr.org

Les Actes peuvent être commandés sur le site de l'éditeur
www.bod.fr

La réalisation de ces Actes a été assurée par Marie-Sylvie Rivière

Travail :
comment se préparer
à l'incertitude

Reims, 12 octobre 2024

Au cœur de cette démarche prospective empruntée avec un regard d'espérance, Isabelle de Gaulmyn rappela l'ambition de discerner ce sur quoi s'appuyer pour donner du sens au travail et nourrir le bien commun.

Cette journée n'ayant pas été filmée, sont publiées les interventions écrites ainsi qu'une synthèse des autres intervenants.

À quel travail s'attendre demain ?

La première table ronde, avec René de Nicolay (Haut-commissariat au plan), Rémi Bardeau (CFDT) et Valéry Brabant (directeur général d'une entreprise), posa les grandes lignes de l'avenir du travail, en partant des perceptions des évolutions du travail par les actifs, complétées par des données objectives des tendances observées, ainsi que par l'analyse des principales causes de ces évolutions[1].

René de Nicolay

Le choc du Covid et les débats sur notre système de retraite ont mis en lumière l'évolution de notre rapport au travail. Tout un chacun a senti, dans son propre travail et ses conversations avec autrui, qu'un changement majeur se produisait. Le Haut-commissariat au Plan (HCP), dans sa mission d'éclairage des tendances profondes de la société française, a publié en octobre 2023 une étude qui confronte ce ressenti partagé à des données objectives. En partant d'une analyse de ce sentiment lui-même et de ses composantes, l'étude oriente le regard vers deux phénomènes de fond qui modifient notre rapport au travail : l'accélération et la métropolisation. L'identification des causes de ces phénomènes est le préalable à l'identification de leviers d'action.

Le travail du HCP emploie une méthodologie différente de celle d'autres réflexions prospectives sur le travail, comme celle de l'Institut national de recherche et de sécurité (INRS, « Le travail en 2040 ») qui repose sur du « design-fiction ». Notre approche a consisté à identifier les tendances longues et à nous demander comment, au besoin, les infléchir.

L'évolution subjective : perte du sens et de la reconnaissance au travail

Il nous a paru méthodologiquement rigoureux et démocratiquement juste de partir de la perception que les Français ont de l'évolution de leur travail. Trois constats ont alors émergé. D'abord, les Français sont globalement (à 77 %) satisfaits de leur travail[2]. Pour autant – c'est le deuxième constat – la place du travail dans leur existence

---

[1] On lira avec intérêt le rapport du Haut-commissariat au plan paru en octobre 2023 : la grande transformation du travail, crise de la reconnaissance et sens du travail (68 pages).

[2] Les chiffres cités ici sont intégralement tirés de la note du HCP (« La grande transformation du travail : crise de la reconnaissance et du sens du travail) publiée le 12 octobre 2023 et consultable en ligne : https://www.info.gouv.fr/actualite/la-grande-transformation-du-travail-crise-de-la-reconnaissance-et-du-sens-du-travail

se relativise : en 1990, le travail était « très important » pour 60 % des Français ; en 2022, le chiffre est de 24 %[1]. Le Covid a certes joué un rôle dans cette diminution, amoindrissant la motivation de 37 % d'entre eux. Mais des facteurs plus profonds jouent également – troisième et dernier constat. Le sens intrinsèque du travail est moins apparent pour les actifs : 45 % disent travailler pour l'argent avant tout, contre 33 % en 1993. La reconnaissance qu'ils tirent de leur travail est faible : 56 % des salariés français estiment leurs efforts reconnus à leur juste valeur, contre 72 % au Royaume-Uni et 75 % en Allemagne. Ce défaut de reconnaissance paraît lié à nos modes de management : 42 % des salariés français estiment que leur supérieur ne reconnaît pas leur travail à sa juste valeur, contre 34 % aux États-Unis.

Or, sens et reconnaissance sont liés : le travail est d'autant plus reconnu comme utile et intéressant – donc pourvu de sens – par un salarié que ce dernier est reconnu par sa hiérarchie. Quelles données objectives permettent d'expliquer ce sentiment partagé de perte de sens et de reconnaissance ?

L'évolution objective : travail et perte du temps

Un passage en revue des principaux indicateurs pertinents (rémunérations, statuts d'emploi, conditions de travail) permet d'identifier une évolution-clé derrière le sentiment de perte de sens et de reconnaissance au travail : l'accélération du temps.

L'évolution des rémunérations : le logement, point nodal

Nul bouleversement, depuis 1990, dans l'évolution des rémunérations du travail en France : le partage de la valeur au niveau national (c'est-à-dire la répartition entre rémunération du capital et rémunération du travail) reste le même ; la part des revenus du travail dans le revenu disponible des ménages est stable ; les inégalités de revenu du travail également – sauf avec le 1 % des revenus les plus élevés. Trois évolutions méritent cependant d'être notées.

La première concerne un phénomène déjà identifié : la « smicardisation » de la société française. En 1970, le salaire minimum représentait 50 % du salaire médian privé ; en 2021, 63 %. Les causes en sont connues : la politique d'allègements de cotisations jusqu'à 1,6 SMIC, menée depuis 1993 ; la désindustrialisation, l'industrie offrant en moyenne à la fois des salaires plus élevés et une progression salariale plus forte que les services[2].

La deuxième constat concerne les prélèvements obligatoires assis sur le travail : entre 2007 et 2020, ils sont passés en France de 21,5 % à 23,5 % du PIB, quand les prélèvements assis sur le capital sont restés stables (autour de 10,5 %). Cette évolution doit être mise en lien avec le fait, avéré, que le travail est moins mobile que le capital, donc taxable avec moins de risque qu'il ne se déplace.

---

[1]   La place des loisirs a en revanche progressé : elle est « très importante » pour 41 % des Français en 2022 contre 31 % en 1990.

[2]   Voir sur ce point les analyses d'A. Foucher, *Sortir du travail qui ne paie plus*, 2024.

Le troisième constat est moins courant, et nous a paru devoir être souligné. Si le pouvoir d'achat des ménages n'a cessé d'augmenter depuis 1990 – sauf sur des périodes brèves, 2012-2013 et 2020 – le poids des dépenses contraintes dans le revenu des ménages a augmenté également. Ce fait concerne particulièrement l'achat du logement. Entre 1998 et 2020, le nombre d'années de revenus nécessaires à l'achat d'un logement ancien[1] a augmenté de plus de 50 %. Le fait s'explique par la métropolisation croissante de l'emploi : 46 % de celui-ci se trouve aujourd'hui dans des métropoles de plus de 500 000 habitants. Il va de pair avec l'augmentation des temps de transport domicile-travail : si l'achat au plus près du cœur des métropoles et de l'emploi s'avère de plus en plus onéreux, les ménages font le choix d'habiter plus loin. La France est ainsi devenue championne d'Europe des temps de trajet domicile-travail, avec 73 minutes par jour contre 40 en 1998.

Une première brique du constat d'accélération est posée : du fait de l'éloignement croissant entre domicile et lieu de travail, le temps de transport augmente, diminuant d'autant le « temps à soi » des actifs.

L'évolution des statuts d'emploi : la montée de l'instabilité

Sur le plan des statuts d'emploi comme sur celui de la rémunération, des constantes apparentes cachent des évolutions de fond. Les constantes concernent la composition générale du paysage : la part du CDI dans l'emploi total n'a que faiblement diminué, passant de 75 % à 73 % entre 1995 et aujourd'hui.

L'évolution de fond est une montée de l'instabilité, qui se lit à plusieurs signaux. Il y a le recul de l'âge du premier CDI (20 ans en 1975, 27 ans en 2019). Il y a l'augmentation de la part des contrats courts[2] dans l'emploi total (2,5 % en 1995, 4,5 % aujourd'hui). Il y a le développement de formes d'emplois flexibles, comme le travail en sous-traitance ou le travail de plateforme[3]. Ces derniers ne vont pas devenir les modèles du nouveau travail – rien ne permet d'annoncer une « ubérisation » généralisée du travail – mais illustrent des tendances profondes. Le travail en sous-traitance et le travail de plateforme sont marqués par leurs horaires atypiques : or ceux-ci ont augmenté pour l'ensemble des actifs[4]. Ils sont plus régis que d'autres par des objectifs chiffrés, cette « gouvernance par les nombres » qui touche l'ensemble du monde du travail et qu'analyse Alain Supiot[5]. Ils sont plus exposés que d'autres aux risques psycho-sociaux – mais l'augmentation de la charge mentale est ressen-

---

[1] Le marché du logement ancien représente environ 80 % des ventes.

[2] CDD de moins de trois mois et intérim.

[3] Dans les deux cas, l'exercice de chiffrage global reste à mener : une série de chiffres est donnée dans l'étude précitée du HCP.

[4] Le travail le dimanche – même occasionnel – concernait 12 % des salariés en 1974 contre 28 % en 2016, et le travail de nuit habituel, qui concernait 2,5 % des salariés en 1984, en concernait 6 % en 2018.

[5] A. Supiot, *La gouvernance par les nombres*, 2015.

tie par 61 % des salariés. Ils dénotent, en somme, une intensification du travail qui touche l'ensemble du monde du travail.

L'évolution des conditions de travail : l'accélération objectivée

Selon la Direction de l'animation de la recherche, des études et des statistiques (DARES), la part des salariés déclarant que leur rythme de travail était imposé par « des normes ou délais d'une heure au plus » est passée de 5 % en 1984 à 29 % en 2019 ; la part de ceux dont le rythme de travail provenait d'une « demande extérieure exigeant une réponse immédiate » passait dans le même temps de 28 % à 58 %. La part des salariés déclarant devoir interrompre une tâche pour en effectuer une autre non-prévue a atteint 58 % en 2017, contre 46 % en 1994. Le travail s'accélère, s'intensifie et se fragmente.

Certes, l'accélération est un phénomène généralisé dans les sociétés occidentales, mis en lumière par le sociologue et philosophe allemand Hartmut Rosa[1]. L'augmentation de la charge d'information, liée aux nouvelles communications, y joue son rôle, en France comme ailleurs[2]. Mais une comparaison entre la France et d'autres pays européens révèle la particulière acuité de l'accélération du travail dans notre pays : la part des actifs disant travailler dans des contraintes de temps sévères est en France de 78 %, contre 72 % en Allemagne. 52 % des salariés français se disent soumis à des contraintes de temps génératrices de stress, contre 46 % en moyenne dans l'Union européenne.

Ces contraintes de temps et de stress sont d'autant plus dommageables qu'elles se conjuguent à une baisse de l'autonomie des travailleurs. Le contrôle ou le suivi exercé par des systèmes informatiques concernait 15 % des salariés en 1994, contre 33 % en 2017. Après l'évolution dans le temps, la comparaison dans l'espace est aussi défavorable : le « European Working Conditions Survey » de 2021 indique que 41 % des salariés français disent avoir une marge de manœuvre dans l'organisation de leur travail, contre 47 % dans la moyenne européenne. Or, les travaux de l'INRS ont montré que l'intensification du travail, quand elle se conjugue à la baisse des marges de manoeuvre, conduit à la recrudescence des risques psycho-sociaux. Si les questions de santé mentale prennent une place de plus en plus centrale dans notre société[3], le rôle qu'y joue le travail ne doit pas être sous-estimé.

L'intensification et l'accélération du travail sont donc un phénomène de fond, aux conséquences potentiellement délétères. Elle fournit un élément d'explication à la perte de sens et de reconnaissance établie plus haut. Hartmut Rosa a en effet montré comment l'accélération, en fragmentant notre attention et en rebattant constamment

---

[1] H. Rosa, *Aliénation et accélération*, 2012.

[2] Voir en particulier l'étude d'A. Laborde pour l'ANACT, « Les risques liés aux usages internes du courrier électronique : quels enjeux pour la qualité de vie au travail ? », 2018.

[3] Le HCP a publié le 15 juillet 2024 une étude consacrée à ce sujet.

les critères de reconnaissance, nuit à la fois au sentiment de sens et à la reconnaissance. En se conjuguant à l'augmentation des temps de transport, cette accélération provoque plus largement une réduction du temps « à soi » pour les actifs : le temps au travail est de plus en plus contraint ; le temps hors-travail l'est aussi, on l'a vu. Si la question du temps de travail a jusqu'ici concentré l'attention de l'opinion et des décideurs publics, celle du temps au travail (de la hâte, de l'exposition aux emails, de la marge d'autonomie pour s'organiser, des pauses et de leur rôle dans la productivité et la création d'un lien collectif) paraît non moins cruciale.

Cette conclusion invite à concentrer notre attention sur le rôle crucial du management. Le management à la française souffre, à plusieurs égards, de la comparaison européenne. Pour mémoire, seuls 56 % des Français estiment leur travail reconnu à sa juste valeur, contre 75 % des salariés en Allemagne. Pallier les effets négatifs de l'accélération passera par une modification de nos modes de management : accroissement de l'autonomie des équipes ; dialogue professionnel ; culture de la reconnaissance. Le changement du management ne constitue toutefois qu'un des leviers d'action pour restituer sens et reconnaissance au travail. D'autres, puissants, existent, là où jouent les causes profondes des phénomènes présentés jusqu'ici.

Les causes sous-jacentes

L'intensification et l'accélération du travail peuvent être rattachées à un faisceau de causes déjà connues. Il y a, d'abord, la mondialisation de notre économie, qui l'expose à une concurrence permanente. Le taux d'ouverture[1] de l'économie française est passé de 13,5 % en 1968 à 31 % en 2021. La précarité ressentie a progressé : en 2016, 25 % des salariés craignaient pour leur emploi ; ils étaient 18 % en 2005. Cette proportion est particulièrement élevée chez les ouvriers non qualifiés de l'industrie (35 %). Il y a, ensuite, la financiarisation de notre économie. En France davantage qu'en Allemagne, le financement des entreprises est passé d'un système par endettement (auprès des banques) à un système par actions[2]. Cette évolution induit une pression : celle du calendrier de publication des résultats. Jean-Dominique Senard et Nicole Notat parlent à ce titre d'un « court-termisme » accru dans la vie des entreprises[3]. La mondialisation a joué un rôle dans la désindustrialisation de la France, alors même que le secteur financier croissait. L'emploi tertiaire est ainsi passé de 50 % de l'emploi total en 1973 à 80 % en 2022. Or, selon le Bureau international du travail, les tâches tertiaires étant moins objectivement mesurables que les tâches industrielles, elles disposent de critères de reconnaissance plus flous et

---

[1] Le taux d'ouverture se calcule comme suit : (importations + exportations) / 2 / PIB.

[2] Voir en particulier F. Renversez, « De l'économie d'endettement à l'économie de marchés financiers », Regards croisés sur l'économie 3: 54-64, 2008.

[3] J.-D. Senard et N. Notat, « L'entreprise, objet d'intérêt collectif », 2019, p. 19.

sont soumises à un contrôle plus intrusif et consommateur de temps[1]. Elles semblent également générer davantage de stress[2].

La désindustrialisation a quant à elle accompagné la métropolisation de l'emploi. L'industrie ayant besoin de davantage de foncier que le tertiaire, elle tend à privilégier les zones moins denses. Parmi les métiers tertiaires, ceux qui appartiennent à ce que le géographe américain Richard Florida appelle les « classes créatives » ont une appétence pour les grandes villes[3]. Entre 1968 et 2013, l'emploi a progressé de 1,47 % en moyenne par an dans les zones de plus de 500 000 habitants, contre une croissance de 1,06 % en moyenne en France.

Si ces évolutions perdurent, la réduction du « temps à soi » pour les actifs devrait se poursuivre. L'emploi, principalement tertiaire, continuera à se concentrer dans les métropoles. La financiarisation devrait continuer d'induire un certain « courttermisme » dans la vie des entreprises. Pour éviter l'aggravation de ces phénomènes, quels leviers actionner ?

Conclusion : quels leviers ?

Depuis 2020, le Haut-commissariat au Plan se fixe, parmi ses objectifs, d'identifier les conditions de la ré-industrialisation. Celle-ci aurait plusieurs effets bénéfiques sur notre rapport au travail : meilleure répartition de l'emploi sur le territoire, d'où une baisse des temps de trajet domicile-travail et de la pression immobilière ; dé-smicardisation ; accès plus direct au sens et à la reconnaissance. Mettre en lumière ces effets positifs doit contribuer à mobiliser l'opinion publique en faveur de la ré-industrialisation – adaptée, nécessairement, aux enjeux écologiques.

Le secteur tertiaire, toutefois, est amené à rester dominant. Il importe dès lors d'agir sur nos modes de management – en particulier au sein des écoles qui forment les futurs managers – pour qu'ils intègrent davantage de vecteurs de sens et de reconnaissance : notamment l'autonomie des équipes et le dialogue professionnel.

Enfin, la lame de fond qu'est l'accélération requiert des solutions adaptées. Des leviers existent : l'actionnariat salarié, par exemple, induit des conséquences positives sur la prise en compte du long-terme et la stabilité des entreprises[4].

Ce tour d'horizon du rapport des Français au travail et des tendances de fond qui le traversent suggère de détourner le regard des prévisions catastrophistes – qu'elles

---

[1]   O. Favereau pour le BIT, « L'impact de la financiarisation de l'économie sur les entreprises et plus particulièrement sur les relations de travail », 2016, pp. 26-27.

[2]   Dr P. Légeron, « Observatoire de la santé psychologique au travail », novembre 2017.

[3]   R. Florida, *The Rise of the Creative Class*, 2002 ; The New Urban Crisis, 2017.

[4]   C. Cézanne et X. Hollandts, « La participation des salariés à la gouvernance d'entreprise : quel impact sur la performance et la politique de distribution des liquidités dans le SBF 120 (2000-2014) ? », Économie et statistique 528-529: 85-107, 2021 ; N. Aubert, « Un premier modèle alternatif de gouvernance : l'actionnariat salarié », dans M. Detchessahar, S. Frémeaux et C. Ezvan (eds), *L'entreprise au défi de l'écologie intégrale : Penser et agir pour une économie du bien commun*, 2024.

concernent une « ubérisation » généralisée du travail ou son remplacement par l'intelligence artificielle – au profit de solutions concrètes à des problèmes réels. L'effort doit se concentrer sur la réintégration du travail dans un temps proprement humain, à l'intérieur du travail comme en dehors. Cet effort ne pourra qu'être de longue haleine. Pour nourrir l'espérance requise, il paraît démocratiquement nécessaire de dessiner un horizon désirable du travail et de son intégration dans la vie humaine.

Rémi Bardeau

Je ne reviendrai pas sur les données que vient de nous livrer René de Nicolay, expert au Haut-commissariat au Plan. À la CFDT, nous faisons un constat similaire concernant le contexte actuel, économique et social. Je me permets de rajouter que les choix en matière d'organisation et de management, en France, ces dernières années, n'étaient pas inéluctables, d'autres solutions étaient possibles.

Le travail, au-delà de l'emploi occupé, c'est le lieu où on l'exerce, les moyens dont on dispose, les personnes avec qui on collabore, les difficultés et les contraintes. Le travail, c'est aussi l'engagement qu'on y met, les efforts consentis, la reconnaissance, les compétences, le pouvoir de le transformer. Le travail, c'est enfin le plaisir d'un travail bien fait, qui satisfait le client, qui accompagne, qui soigne, qui est utile. Ces dernières décennies, le monde du travail a connu de multiples changements : désindustrialisation, robotisation, etc.

Les travailleurs aspirent à être impliqués dans les décisions qui les concernent. Ils souhaitent pouvoir discuter des finalités de leur travail, des modes de production et d'organisation. Les entreprises comme les administrations ont aujourd'hui du mal à répondre à ces attentes. En Europe, les travailleurs français sont parmi ceux qui sont les moins consultés sur les projets qui les concernent.

Les perspectives pour améliorer le travail

Les transformations du travail que la CFDT appelle de ses vœux ne pourront voir le jour sans une modification en profondeur des modèles d'organisation et des pratiques managériales. Voici sept propositions visant à améliorer la qualité du travail, ses conditions de réalisation et la qualité de vie au travail :

Redonner du sens au travail

Pour la CFDT, le sens au travail comporte trois grandes dimensions : le sentiment d'utilité, l'adéquation entre son activité professionnelle et ses propres valeurs, et l'accomplissement de soi. Mais redonner du sens au travail, c'est aussi et surtout, avoir la possibilité de « faire du bon travail ». En situation de sous-effectifs et malgré des horaires à rallonge, les travailleurs sont contraints de produire un service de moindre qualité. Ce « travail empêché » peut avoir un impact majeur sur la qualité de vie et sur la santé. Il trouve principalement sa source dans les pratiques managériales et organisationnelles, déclinées sans concertation. La complexité des process internes, le management par le chiffre, les objectifs uniquement quantitatifs, le reporting permanent, le chronométrage des tâches et maintenant le management par les algorithmes jouent un rôle considérable dans cette perte de sens.

Renforcer le pouvoir d'agir des travailleurs

Pour la CFDT, le pouvoir d'agir des travailleurs correspond aux possibilités qui leur sont offertes d'intervenir concrètement sur leur travail : qu'il s'agisse de la gestion de leur temps de travail, de la façon d'effectuer leurs tâches, ou encore de la façon de conduire les changements.

Favoriser le pouvoir d'agir passe notamment par le dialogue professionnel, dont la finalité est de permettre aux travailleurs d'être forces de proposition. Ces espaces doivent permettre aux travailleurs d'échanger sur la qualité du travail, d'en identifier les contraintes et ressources, les irritants et les leviers. Il s'agit de partir du travail réel et de rechercher collectivement des solutions qui pourront être validées par les directions. Et les résultats sont probants : amélioration de la satisfaction des usagers, amélioration de la qualité de vie et des conditions de travail, baisse de l'absentéisme et réduction des accidents du travail.

Par ailleurs, en Europe du Nord, plusieurs pays ont mis en place des programmes visant à développer la démocratie participative. En France, la loi Pacte a renforcé la représentation des salariés dans les conseils d'administration ou de surveillance. Pour autant, la France reste à la traîne comparativement aux autres pays européens, avec des organisations très pyramidales et hiérarchisées.

Associer les travailleurs aux conduites de transformations

Les principales transformations dans le monde du travail sont aujourd'hui liées à deux éléments : les enjeux écologiques et climatiques d'une part, le déploiement des technologies numériques d'autre part. Pour de nombreux travailleurs, un travail de qualité ne doit porter atteinte ni à l'environnement ni à la société. Les travailleurs veulent pouvoir discuter, imaginer, proposer des solutions, des modes de production qui permettront de préserver la planète.

Avec la diffusion des outils numériques, les inquiétudes se portent légitimement sur la pérennité de certains emplois. Mais l'usage d'algorithmes et l'arrivée récente de l'intelligence artificielle transforment en profondeur certains métiers. Pour transformer les innovations techniques en progrès social, il faut que leurs utilisations, leurs finalités, les opportunités et les risques qu'elles représentent soient discutés avec leurs utilisateurs. Sans cela, ces transformations sont sources d'inquiétude, voire de rejet, et elles accroissent le sentiment de vulnérabilité.

Promouvoir un management et des organisations du travail plus justes

Plus d'un tiers des travailleurs seraient prêts à quitter leur entreprise ou leur administration en raison de mauvaises relations avec leurs managers. S'il n'existe pas de recettes « miracles », l'une des clés d'un management de qualité est l'adaptation aux besoins et aux attentes des travailleurs. Pour autant, l'individualisation ne doit pas occulter les principes d'équité de traitement et de justice. Le manager a aussi un rôle à jouer dans la constitution et le maintien des collectifs.

Une organisation plus juste et vivable implique une plus grande autonomie des individus et des collectifs de travail, selon le principe de subsidiarité, et une organisation du travail favorisant le développement des compétences et des apprentissages, avec un droit à l'erreur.

Faire du travail un facteur de santé

Prendre en compte la santé dans sa globalité suppose de reconnaître le lien entre santé physique et santé mentale. Des conditions de travail pénibles et précaires peuvent avoir des conséquences délétères sur la santé en augmentant les risques de troubles musculo-squelettiques, de stress, d'anxiété et de dépression.

Les données de sinistralité détenues par la CNAM démontrent que seules les démarches de prévention peuvent répondre aux enjeux globaux de santé et de réduction de l'usure professionnelle. C'est pourquoi la CFDT promeut depuis de nombreuses années les démarches de prévention primaire et l'instauration d'une culture de prévention. Le dialogue social et le dialogue professionnel constituent des piliers fondamentaux dans la promotion de la santé et de la sécurité au travail. Les risques émergents constituent des défis, nécessitant une approche proactive. Le concept émergent d'exposome[1] met en lumière l'importance de prendre en compte tous les facteurs environnementaux et professionnels qui peuvent intervenir sur la santé de travailleurs.

Articuler les temps de la vie

Pour la CFDT, la réduction du temps de travail ne doit pas être uniquement envisagée à l'échelle de la semaine de travail, mais tout au long de la vie professionnelle. Dans son projet « Banque des temps », la CFDT s'appuie sur une idée novatrice : le CETU (Compte épargne temps universel). Chaque travailleur aurait la possibilité d'épargner du temps et pourrait disposer de celui-ci, au moment où il le souhaiterait, en accord avec son employeur.

Faire du travail un espace d'égalité

La moitié des femmes se concentre dans 12 familles professionnelles, 12 sur 87 répertoriées. Concrètement, cette faible mixité des métiers contribue à perpétuer les inégalités entre les femmes et les hommes. À tous les niveaux, il est indispensable d'inclure la question de l'égalité professionnelle dans tous les sujets de négociation entre partenaires. C'est avant tout par la mise en œuvre d'actions déconstruisant les

---

[1] Concept qui définit « l'ensemble des expositions environnementales au cours de la vie, y compris les facteurs liés au mode de vie, dès la période prénatale ».

stéréotypes de genre qu'il sera possible d'avancer sur ces sujets. De plus, sur les lieux de travail, les violences sexistes et sexuelles doivent être systématiquement combattues.

La CFDT met aussi au cœur de son combat syndical la lutte contre toutes formes de discriminations. Pour la CFDT, une prise en charge et un accompagnement des victimes sont indispensable. Cependant, ces actions doivent s'accompagner d'actions de prévention et de sensibilisation de tous les acteurs, dans le cadre du dialogue social.

En conclusion, le travail que revendique la CFDT

Plus que jamais, la CFDT veut contribuer à faire vivre la démocratie au travail. Parler du travail, s'écouter, argumenter, débattre des transformations, c'est ce qui permet à chacun de s'émanciper mais aussi d'être acteur. Plus que jamais, pour la CFDT, les partenaires sociaux ont un rôle éminent à jouer pour faire la preuve que le compromis entre les partenaires sociaux est non seulement possible, mais essentiel et porteur de progrès. Plus que jamais, les liens établis entre le sens, l'autonomie, la reconnaissance, le pouvoir d'agir au travail et les comportements électoraux (abstention, vote d'extrême-droite) conduisent la CFDT à faire du travail l'enjeu central de son action syndicale.

Valéry Brabant
Synthèse de son intervention rédigée par Pierre-Henri Duée

Valéry Brabant est directeur d'une entreprise familiale à Reims, « une vieille » entreprise avec 500 collaborateurs et, dans une entreprise familiale, il faut fédérer la famille mais aussi défendre une vision humaine et sociale qui n'est pas fondée uniquement sur les intérêts financiers de ses actionnaires.

La responsabilité sociétale est au cœur de la stratégie de l'entreprise (RSE), en commençant par la réalisation de son bilan carbone, et en poursuivant par un travail sur les mobilités, le transport des marchandises, l'emballage et l'énergie. La croissance raisonnée que revendique le directeur pour son entreprise n'empêche ni l'innovation, ni l'audace avec des réflexions et des changements en interne pour améliorer le bilan énergétique et environnemental. Elle porte aussi des projets d'investissement pour introduire plus de robotisation et réduire les manutentions sur les postes de production, ce qui devrait diminuer la pénibilité du travail, et augmenter les emplois qualifiés, débouchant sur des salariés mieux payés.

Prendre soin des collaborateurs

L'histoire familiale de l'entreprise est essentielle pour développer des relations de proximité avec chacun des salariés et permettre leur épanouissement : « Faire grandir les hommes et les femmes de l'entreprise » n'est pas qu'un slogan, mais une priorité qu'affiche Valéry Brabant. Au quotidien, cela signifie écouter, faire confiance et responsabiliser chacun des collaborateurs, en mettant en place des relations humaines empreintes de bienveillance et justes. Cela suppose aussi de bonnes conditions de travail, des événements pour consolider la cohésion des équipes, des sensibilisations dans le domaine de la santé, des offres diversifiées de formation.

Cette attention portée aux collaborateurs concerne, de façon prioritaire, les salariés les moins qualifiés pour lesquels on a mesuré le risque d'une plus grande précarisation, qui ont à faire face à un carcan réglementaire complexe, mais qui expriment le besoin d'être sécurisés au travail.

La question du management doit évoluer

Tout en continuant à « prendre soin » des salariés, les dirigeants doivent faire évoluer leurs pratiques. La question du management doit, en effet, évoluer : passer « de la gentillesse à la bienveillance, en remettant de l'exigence, tout autant que de la motivation au centre du contrat », comme le rappelle Valéry Brabant.

Une philosophie du « care » qui doit, en quelque sorte, acquérir une dimension essentielle en entreprise : la responsabilisation des personnes.

DÉBAT

L'échange qui suivit cette table ronde aborda la question des bénéfices potentiels d'une ré-industrialisation sur l'amélioration des conditions de travail, des conditions qu'il faudrait articuler avec la durée du temps de travail. Furent également abordés des thèmes comme celui de l'entreprise comme lieu d'amitié, mais aussi la question de l'éthique en matière d'investissement.

Enfin, on notera l'expression d'un souhait des participants : mieux articuler temps de travail et conditions de travail. Si une baisse de la pénibilité au travail est avérée, certains soulignent qu'en fin de carrière des salariés sont parfois en situation d'inaptitude professionnelle.

Ainsi, déplacer la réflexion sur le temps de travail vers la question du temps au travail devient essentiel, ce qui soulève de nouveau la question centrale de la qualité du management et des compétences recherchées : les salariés ne sont pas seulement des « ressources humaines », mais aussi des compétences qu'il faut valoriser.

Savoir accepter l'incertitude comme source de liberté

ANNE-SOLEN KERDRAON[1] : Savoir accepter l'incertitude comme source de liberté est à la fois une invitation et un défi pour le temps et le monde d'aujourd'hui. Une invitation d'abord. Une invitation à habiter le monde – un monde imprévisible, ins-

---

[1] Anne-Solen Kerdraon est théologienne, maître de conférence de l'Institut catholique de Paris.

table, incertain – avec lucidité, mais aussi dans le dynamisme de l'espérance ; dans un « oui à la vie », telle qu'elle est, et en étant tenu par l'espérance. Un défi ensuite car nos sociétés de réseaux et d'accélération de toute sorte semblent être emportées dans une spirale sans fin et effrénée où le sentiment d'insécurité et d'imprévisibilité croît à mesure que l'on cherche à s'en protéger ; où le sentiment d'incertitude croît à mesure que les technologies et les moyens de surveillance, de protection, de contrôle, d'anticipation, de projection ou encore de prévoyance se multiplient et se perfectionnent.

Cette incertitude est avérée. Il n'est que de penser aux phénomènes climatiques extraordinaires de plus en fréquents ; aux instabilités économiques et financières mais aussi politiques, quand ce ne sont pas des conflits armés ou des actes terroristes, qui menacent l'intégrité de nombreux pays et personnes humaines ; et ce dans un monde où les évolutions techniques, sociétales, scientifiques, médicales sont de plus en plus rapides et bouleversent les représentations anthropologiques, les modes de vie et bien sûr aussi le monde du travail. Un monde liquide qui requiert d'être flexible, réactif et en évolution constante, innovant et audacieux.

Face à ce défi et pour répondre aux interrogations et inquiétudes suscitées par cette spirale vicieuse qui nous entraîne dans un monde d'autant plus mouvant et incertain que nous le refusons, je vous propose de faire un détour par la sagesse des anciens, et de nous tourner vers la réflexion des penseurs grecs des 5e et 4e siècles avant Jésus-Christ.

La pensée grecque face au défi de l'incertitude

Les penseurs grecs des 5e et 4e siècles av. J.-C., ce sont les tragiques grecs tout d'abord, puis les philosophes tels que Platon et Aristote. La philosophe américaine Martha Nussbaum, dans son ouvrage *La Fragilité du bien*[1], a particulièrement étudié et analysé ces auteurs. Elle montre très bien comment cette période de la seconde moitié du 5e siècle au début du 4e av. J.-C. est une période qui n'est pas sans lien avec la nôtre. Tout d'abord, cette période est marquée par une grande anxiété et une conscience vive de la précarité de la vie humaine dans toutes ses dimensions. La vie d'un homme, d'une femme, nous disent les tragiques grecs se tient toujours sur « le tranchant de la fortune[2] » - fortune étant ici à comprendre au sens de tout ce qui échappe au contrôle, de tout ce que l'homme ne maîtrise pas, de tout ce qui rend

---

[1] Martha C. Nussbaum, *La Fragilité du bien. Fortune et éthique dans la tragédie et la philosophie grecques*, traduit de l'anglais par Gérard Colonna d'Istria et Roland Frapet avec la collaboration de Jacques Dadet, Jean-Pierre Guillot et Pierre Présumey, Paris, Éditions de l'éclat, Coll. polemos, 2016. Texte original : Martha C. Nussbaum, *The Fragility of Goodness. Luck and Ethics in Greek Tragedy and Philosophy*, Cambridge, Cambridge University Press, 2001 (1986).

[2] Sophocle, *Théâtre complet. Antigone*, traduction de Robert Pignarre, Paris, Garnier-Flammarion, 1964, vers 996. Il est intéressant de noter en outre, ainsi que le fait Robert Pignarre (n. 63, p. 336), que l'on retrouve la même expression grecque dans *Les Choéphores* d'Eschyle (vers 883) ainsi que dans *Ajax* de Sophocle (vers 786).

l'avenir incertain. Pour l'être humain, dit ainsi Sophocle dans *Antigone*, la « catastrophe tient à un fil[1] ». Mais cette conscience vive de la fragilité de tout ce qui constitue l'existence humaine s'accompagne aussi d'une grande confiance dans la capacité de l'homme à dominer par la science les éléments contingents. C'est en effet également une époque de mutations importantes, un temps tout à la fois de crise et de renouvellement tant politique et social que religieux ou moral, d'où émerge l'âge d'or de la démocratie athénienne. C'est aussi le moment du développement des mathématiques et de l'astronomie, ou encore le développement de la médecine avec Hippocrate.

Platon, qui a été un élève de Pythagore, s'inscrit parfaitement dans ce double contexte. Dans *Le Protagoras*, il va défendre l'hypothèse qu'un progrès réellement décisif ne s'opèrera dans la vie sociale humaine que lorsque la *technē* – terme qui désigne aussi bien le métier, l'art, que la science – permettra non seulement de lutter contre les maladies, de bâtir des abris résistants aux catastrophes naturelles, mais de faire également de la délibération pratique une science capable, par la mesure et par le calcul, de prendre des décisions justes et sûres. Parce que l'homme ne peut plus vivre ainsi, en étant « à la merci de ce qui lui arrive », Socrate affirme ainsi une forme d'« urgence », de « nécessité profonde et pressante » à s'appuyer et développer encore davantage cet « art de mesurer » seul capable de « sauver » l'homme et son existence de tous les effets délétères de la vulnérabilité qui est la sienne, de le préserver de l'erreur comme de l'incertitude.

C'est ainsi que Socrate développe dans le dialogue avec Protagoras l'idée que le philosophe est le plus à même d'atteindre cette vie. Il est en effet celui dont la vie tout entière est gouvernée par la raison qui évalue, classe et ordonne, et qui le conduit, ce faisant, à exclure de sa vie tout ce qui la rend vulnérable, et à se rendre imperméable aux émotions, aux passions qui le fragilisent. Or, un peu plus tard, dans *Phèdre*, Platon reconnaît l'étroitesse de vue et l'appauvrissement humain auxquels conduit la recherche d'une telle *technē*, et il affirme la nécessité de consentir à une part de risque pour préserver non plus la sécurité de la vie humaine mais sa richesse. Car si la vie ascétique serait certes une vie autosuffisante et sans passivité – si tant est qu'elle soit atteignable –, elle serait en réalité amputée de toute une part de ce qui fait la beauté et la grandeur de la vie humaine. Platon prend ainsi conscience de ce que ces arts ou ces sciences, élaborés et développés pour « sauver » les vies humaines, « créent une forme de vie, et des créatures, qui n'existaient pas précédemment[2] ». Socrate en effet, qui a adopté dans *Le Banquet* cette vie ascétique, est devenu, nous dit Platon, un homme « semblable à aucun autre être humain[3] », désireux de rien ni de personne.

---

[1] Autre traduction du même vers 996 d'Antigone de Sophocle dans : *Dans Les Tragiques grecs. Théâtre complet*, traduction Victor-Henri Debidour, Paris, De Fallois / Le Livre de poche, 2000.

[2] Martha C. Nussbaum, *The Fragility of Goodness. Luck and Ethics in Greek Tragedy and Philosophy*, Cambridge, Cambridge University Press, 2001 (1986), p. 101 [traduit par nous-même].

[3] Platon, *Œuvres complètes*, traduction Léon Robin, « Le Banquet », Paris, Gallimard, Coll. Bibliothèque de la Pléiade n°58, 1950, 221c-d.

Mais est-ce vraiment ce que nous voulons devenir ? Les émotions, les passions, les appétits sont bien sûr toujours pour lui sources potentielles d'illusions, d'excès ou de distorsions, mais les écarter sans reste, sous prétexte des risques et des limites dont ils sont porteurs, sans reconnaître dans le même temps la contribution positive qu'ils peuvent avoir dans la quête du bien, conduirait à une vie mesquine et rétrécie.

C'est ainsi que la lecture de ces penseurs du 5ᵉ-4ᵉ siècle peut, à l'instar de la philosophe Martha Nussbaum, nous révéler que la vulnérabilité de l'être humain, son besoin des autres et sa non-autosuffisance qui le rendent dépendant des autres, sont non seulement constitutifs de ce qu'il est, mais font aussi sa force et sa beauté. Nous pouvons en effet reconnaître que c'est le fait de son indigence et d'une vie jamais assurée qui lui donne de cultiver les vertus de courage, de fidélité, de justice, de générosité et de prudence, ou encore de bonté. Sources de stabilité, ces vertus sont aussi occasions de risques. Nous comprenons par là qu'il n'est probablement pas de bien humain qui ne soit aussi à l'origine d'une certaine vulnérabilité. C'est dire que la beauté de l'homme se contemple à même ses limitations et ses fragilités, dans sa capacité à les affronter avec ces vertus qui le caractérisent en propre.

L'incertitude est donc une réalité invincible de l'expérience humaine. Or, et c'est là la leçon des auteurs grecs des 5ᵉ et 4ᵉ siècles av. J.-C., refuser cette indigence, et chercher à la supprimer sans reste, n'est autre que refuser d'être humain. Savoir accepter l'incertitude est donc pour ces auteurs le fruit d'une certaine sagesse et prudence car s'il est bien dans la nature de l'être humain de chercher à se mettre à l'abri de ce qui le blesse, il s'agit cependant d'éviter aussi bien l'abandon fataliste à ce qui arrive que la révolte prométhéenne qui refuse toute vulnérabilité. Une certaine liberté et responsabilité est ainsi ouverte au cœur de l'incertitude. C'est cette liberté et ses conditions de possibilité qu'il nous faut maintenant envisager.

Au cœur de l'incertitude, l'ouverture à la liberté et l'espérance

J'ai eu l'occasion il y a quelques années de travailler en aumônerie d'hôpital. J'y étais envoyée pour visiter plus spécifiquement les services de néonatologie et de grossesses à risque. Les mots « tragique » et « tragédie » y étaient très souvent employés par les personnes pour décrire leur situation et pour signifier leur détresse et leur sentiment d'être écrasées, anéanties par un destin malveillant et destructeur de toute liberté. Or, à l'encontre de cette appréhension du tragique, les tragédies grecques donnent à voir, au cœur même du surgissement soudain d'épreuves parfois terribles, une liberté toujours possible dès lors que l'on reconnaisse la vulnérabilité présente et que l'on cherche comment y tracer un chemin de vie.

« Savoir accepter l'incertitude comme source de liberté. » Peut-être faudrait-il d'abord nous entendre sur ce qu'est la liberté. Si la liberté est aujourd'hui bien souvent comprise comme une liberté d'indifférence, toute-puissante et autonome, c'est une autre liberté dont il est question ici dans la prise en compte de la vulnérabilité inhérente à notre condition humaine. Car notre liberté, pour reprendre une expression du philosophe Paul Ricœur, est une liberté pleine et entière mais « seulement humaine[1] ». Pour le montrer, Paul Ricœur analyse le « vouloir » et s'interroge sur ce que signifie « je veux ». Dire « je veux » implique toujours d'affronter un involontaire que je n'ai pas choisi. La décision que je prends projette une action qui dépend des forces et des limites qui sont les miennes, en lien à des motifs qui la justifient et fondent sa légitimité. Ces motifs, s'ils correspondent à tel besoin physique, telle douleur ou encore tel appel d'un ami, sont reçus et non choisis, involontaires, mais ils sont ce par rapport à quoi je me détermine et me positionne. La liberté humaine est bornée d'impuissance et elle trace sa voie à travers l'impossible.

Ce que montre Ricœur dans son analyse du volontaire et de l'involontaire, c'est une bipolarité constante entre les deux : l'existence humaine est de bout en bout « subie et conduite ». Il y a dans la décision « quelque chose comme un commandement – sur le possible, sur le corps, sur le monde – et quelque chose comme une obéissance authentique[2] ». Prendre conscience de cela, c'est prendre conscience d'une responsabilité et d'une liberté humaine toujours possible et même requise, quoi qu'il en soit du contexte d'impuissance dans lequel elle est contrainte de s'exercer. Cela nous montre aussi un autre élément essentiel de la liberté humaine. La liberté humaine est une liberté limitée. Le lien de l'activité à la réceptivité, en effet, « annonce la limite fondamentale d'une liberté qui est celle d'une volonté d'homme et non d'un Créateur[3] ».

Penser l'homme dans ses dimensions corporelles, charnelles et temporelles, c'est accepter en effet d'entrer dans la complexité et la reconnaissance du caractère fragile et précaire, dramatique, de la liberté humaine, en y affirmant cependant toujours aussi sa possibilité. Pour l'être humain, la liberté est tout entière tissée d'activité et de réceptivité. Recevant ses motifs de son corps et de son affectivité, du monde ou d'autrui, elle ne peut jamais embrasser d'un seul regard, d'un seul sentir tout ce qui l'entoure. Elle doit consentir à ne pas être assurée d'avoir une vision totale de la situation et des valeurs impliquées, ou de devoir faire face à des conflits de devoirs. Elle est, autrement dit, une liberté toujours risquée. La liberté, enfin, doit consentir au fait de sa contingence. Elle ne se pose pas elle-même dans l'existence C'est cela qui marque le plus radicalement la distance qui la sépare d'une liberté divine : « Vouloir n'est pas créer[4]. »

La progression dans la description des articulations du volontaire et de l'involontaire par Paul Ricœur met ainsi au jour la précarité extrême de la condition humaine.

---

[1] Paul Ricœur, *Philosophie de la volonté. I. Le volontaire et l'involontaire*, Paris, Aubier, 1988 (1950), p. 455. C'est Ricœur qui souligne.

[2] Ibid., p. 77.

[3] Ibid., p. 81.

[4] Ibid., p. 456.

Elle se tient en effet toujours sous la menace d'un désastre, du fait de l'opacité de l'affectivité, de la liberté qui s'exerce sans jamais être totalement assurée de ne pas se tromper, d'émotions qui exposent au désordre voire à la dislocation du vouloir. L'affirmation forte de Ricœur, quoi qu'il en soit du poids de la nécessité sur les vies humaines, est « qu'il n'y a pas de puissance en l'homme capable de l'enchaîner ; tout l'involontaire est pour la liberté et la conscience ne peut être esclave que d'elle-même[1] ».

Une telle liberté, nous l'avons vu, se cherche, parfois douloureusement et dans le combat intérieur contre la nécessité, sur cette ligne de crête étroite entre le fatalisme et la révolte, identifiée par Ricœur comme étant la voie « étroite » du consentement. La liberté, loin d'être un fait brut et une évidence, est une décision, un choix déterminé, l'objet d'un parti pris contre le fatalisme, le déterminisme ou encore l'impuissance qui la cerne. Un tel choix, qui ne serait cependant que du volontarisme indu et contre-productif s'il niait et refusait de voir la réalité de la nécessité, suppose l'acceptation d'un envers de la liberté qui la conditionne. La voie du consentement ne peut être ouverte sans le courage et l'humilité d'une liberté qui affronte l'épreuve et la tristesse de ce qui la borne. Et seule l'espérance, parfois, peut nous permettre de nous y engager.

L'espérance alors se fait humble et timide, espérance qui a connu les larmes et ne se paie pas de mots. Elle est une espérance humble et nue, dépouillée de toute représentation et purifiée par l'épreuve, vide de toute imagination. Dans la nuit, le consentement ne peut être que dans « l'espérance qui attend autre chose[2] », force de vie qui demeure quand il n'y a précisément plus rien à espérer[3].

La foi chrétienne, en confessant un Dieu qui s'est fait homme dans la personne de Jésus met l'homme en relation à un Dieu qui prend sur lui la vulnérabilité humaine et qui, pour reprendre les paroles du Psaume 16 (15), lui apprend, au sein de cette vulnérabilité, « le chemin de la vie[4] ». Comme le souligne Paul Valadier, la vulnérabilité, centrale au christianisme, est au cœur de la rencontre de l'homme et de Dieu.

« Professant que le Verbe de Dieu a pris chair, il [le christianisme] professe par là même un Dieu vulnérable, sensible à la souffrance en sa chair, apte à être blessé, bafoué, et même mis en croix. Non pas un Dieu miséricordieux aimant de loin et de haut, isolé dans une impavide transcendance ou une rigoureuse unité sans relation, mais un Dieu qui, dans son Verbe, assume une chair vulnérable. Une telle vulnérabilité est l'expression authentique de l'amour ou de la charité [...]. Or pour la foi

---

[1] Ibid., p. 94.

[2] Ibid., p. 451.

[3] Cf. Jérôme Porée, « Justifier philosophiquement l'espérance », dans Pierre Bühler et Daniel Frey (dir.), *Paul Ricœur : un philosophe lit la Bible. À l'entrecroisement des herméneutiques philosophique et biblique*, Genève, Labor et Fides, Coll. Lieux théologiques n°44, 2011, p. 33-47 (et en particulier ici p. 43).

[4] Psaume 16 (15), 11.

chrétienne, la charité est la "définition" même de Dieu, et cette "définition "implique la vulnérabilité. Nous pouvons en effet blesser Dieu et le méconnaître, ou le mépriser... Mais telle est aussi sa grandeur et sa Toute-Puissance que de pouvoir porter cette vulnérabilité et la changer en miséricorde et en pardon.[1] »

Par son Fils Jésus, Verbe fait chair, Dieu vient à la rencontre des hommes et des femmes dans l'épreuve, l'angoisse ou l'incertitude. « Capable de toucher immédiatement le point essentiel chez ceux qu'il rencontre : l'endroit mystérieux où peuvent se libérer des énergies de vie insoupçonnées[2] », Il est celui qui engendre en chacun d'eux le « courage d'exister[3] » et de faire crédit à la vie, sur une promesse.

Quelles compétences demain pour œuvrer au bien commun ?

CAROLE THIRY-BOUR[4] : Le sujet que nous allons aborder est central : quelles sont les compétences clefs pour agir avec espérance au travail dans un contexte marqué par l'incertitude ? À notre époque, l'incertitude semble bien être la seule certitude. Nous vivons dans un monde qui se transforme rapidement (les technologies, le climat, la géopolitique, la santé, la biodiversité). Le monde du travail n'échappe pas à ce processus d'exploitation et de maîtrise, rimant avec l'accélération. Face à cette réalité galopante – suspendue pendant la crise sanitaire nous rappelant les vertus de la lenteur –, comment nourrir l'espérance et œuvrer au bien commun ?

Comprendre l'incertitude

Avant d'aborder le sujet des compétences pour évoluer dans ce monde, je voudrais revenir un instant sur l'incertitude. Selon Edgar Morin, l'incertitude est inhérente à la complexité du monde contemporain. Il écrit dans son livre *La Méthode* que « l'incertitude n'est pas accidentelle » : elle est « une composante fondamentale de la réalité » (Morin, 2008). Cette compréhension est essentielle, car elle oblige à aborder l'incertitude comme un élément intégral de notre existence, donc à apprendre à composer avec.

Plus généralement, le monde n'a jamais été aussi imprévisible. Samuel Huntington, professeur de science politique à Harvard, écrit dans son ouvrage *Le choc des civilisations*[5] : « L'évolution de nos sociétés a fait naître des civilisations marquées par des diversités : d'histoire, de langues, de valeurs. » 76 pays sondés

---

[1] Paul Valadier, « Apologie de la vulnérabilité », Études, vol. 414 n°2, février 2011, p. 204.
[2] Christoph Theobald, *Transmettre un Évangile de liberté*, Paris, Bayard, 2007, p. 21. C'est l'auteur qui souligne.
[3] Ibid., p. 63.
[4] Carole Thiry-Bour est docteur en sociologie et présidente fondatrice de Reliance & Conseil.
[5] Samuel Hutington, *Le Choc des civilisations*, éditions Odile Jacob, 1997.

entre 1981 et 2021 indiquent que les convergences de valeurs mondiales ont laissé place en 40 années à des divergences conduisant à des intérêts antagonistes. Ces écarts autour de valeurs conduisent à une nouvelle forme de conflictualité (fractures autour des identités). Ces divergences sont exacerbées par la mondialisation, qui met ces cultures en contact plus direct. Le monde du travail est lui aussi traversé par d'importantes mutations. Qu'observe-t-on comme transformations ?

Évolutions majeures du rapport au travail

Au cours de ces dernières années, notre rapport au travail a connu des évolutions significatives, influencées par des facteurs tels que la pandémie, les avancées technologiques, les changements sociétaux. Citons les principales évolutions, documentées par des travaux de recherche en sciences sociales.

L'adoption massive du télétravail

Elle s'assortit de modifications des attentes des employés envers leurs employeurs (flexibilité, aménagements, moindre subordination).

La redéfinition des priorités et de la qualité de vie

Elle déplace les éléments motivationnels. Les études mettent l'accent croissant sur l'équilibre entre vie professionnelle et vie personnelle, qui interrogent directement la qualité de vie et les conditions de travail (QVCT inscrite dans le Code du travail). Le phénomène de démission douce (*quiet quitting*), où les employés se limitent au minimum, illustre un désengagement lorsque le travail manque de sens et ne comble pas les attentes. La motivation ne viendrait plus uniquement du statut, de la rémunération, mais de la relation avec un leader inspirant, de la mission de l'entreprise.

Accélération de la digitalisation et de l'automatisation

L'augmentation de l'automatisation et son impact sur le marché du travail font que les tâches répétitives sont de plus en plus prises en charge par des machines, réservant aux travailleurs des activités nécessitant des compétences relationnelles (empathie), analytiques (sens critique) et créatives (résolution de problèmes complexes), donc non routinières et mobilisant les aptitudes socio-comportementales (savoir-être) sur lesquelles nous reviendrons.

Changements dans les dynamiques de pouvoir au travail

Les structures hiérarchiques traditionnelles, verticales, sont remises en question en faveur de plus d'horizontalité, les travailleurs recherchant davantage d'autonomie et de reconnaissance. Les évolutions sont profondes au sein du monde professionnel. Elles se traduisent par des attentes nouvelles : 4 actifs sur 10 envisagent de changer d'emploi pour un travail qui aurait plus de sens, selon Sondage OpinionWay 2022 ; selon une étude Ifop pour la Fondation Jean Jaurès, en 2021, le travail est qualifié de « très important » pour 24 % des Français. En 1990, ce score était de 60 %. En quoi ces évolutions nous renseignent-elles sur la fonction sociale du travail ?

Que nous apporte le travail au-delà d'une rétribution : les cinq fonctions latentes du travail

Pour Karl Polanyi, anthropologue et économiste, le travail « ne saurait être détaché du reste de la vie … » (1944). Marie Jahoda, sociologue, a conduit, en 1931, une étude de renom international : « Les chômeurs de Marienthal » (que l'on attribue d'ailleurs souvent à son époux Paul Lazarsfeld). Qu'advient-il des habitants de Marienthal, après la fermeture de l'usine textile autour de laquelle le village, tout comme ses membres, s'était construit ? Marie Jahoda met en lumière les incidences humaines de la transition entre plein-emploi et chômage, pour révéler en quoi le travail nous est fondamentalement bénéfique.

Les cinq fonctions du travail sont :

- la structuration du temps ;

- un réseau social d'appartenance ;

- le développement des compétences ;

- la flexibilité psychique ;

- l'utilité sociale qui vient nourrir notre identité, fondement de la reconnaissance.

Le travail ne se résume donc pas à une dimension rétributive, pas plus qu'il ne se résume à une dimension formelle (le contrat de travail, la fiche de poste, l'organigramme). Le travail nous renvoie à notre utilité, à une dimension existentialiste. Or, nous vivons dans un monde de transformations perpétuelles. J'emprunte au sociologue Zygmunt Bauman l'expression de « sociétés liquides », où « l'agir, constamment changeant (réorganisations, fusions, rachats, turnover guidés par des motifs économiques, etc.) ne s'ancre plus sur des structures solides, telles que l'entraide, la solidarité, la cohésion », qui viennent confirmer notre existence.

Pour recomposer le tissu relationnel, le sociologue Marcel Bolle De Bal utilise le concept de reliance (par rapport à la déliance). C'est aussi le nom que j'ai choisi pour mon cabinet Reliance & Conseil. Il devient urgent, pour rendre les conditions de travail plus vertueuses, de se décaler de la vision économique et utilitariste, en prenant en considération la dimension des relations sociales, la dimension collective.

Les sciences sociales au secours du management utilitariste. Le cycle du don : donner, recevoir, rendre

Marcel Mauss, anthropologue français, a introduit une idée fondamentale dans son célèbre essai *Essai sur le don* publié en 1925. Il a découvert que le cycle du donner-recevoir-rendre en retour est le « roc de l'humanité », c'est-à-dire une base essentielle des relations humaines et de la société. Il fonde l'alliance, pacifie les relations.

Les trois phases du cycle :

Donner : quelqu'un offre quelque chose à une autre personne, que ce soit un objet, un service ou un geste d'amitié.

Recevoir : la personne qui reçoit le geste, l'attention, le service, l'accepte avec gratitude. Cela crée une obligation morale chez le receveur qui reconnaît l'acte de générosité.

Rendre en Retour : à un moment donné, non défini dans le temps, le receveur se sentira obligé de rendre la faveur. Cela ne signifie pas qu'il rendra exactement le même objet ou service, mais il répondra d'une manière qui montre qu'il apprécie et reconnaît le don initial.

Ce cycle exclut toute forme de calcul et se perpétue à la faveur d'un temps long. Or, les mobilités professionnelles à visée carriériste ne favorisent pas cet ancrage. Comment ce cycle nourrit-il notre existence et fonde-t-il notre reconnaissance ? Il possède quatre effets vertueux :

Créer des liens sociaux
• Le cycle du don établit et renforce les relations entre les individus.
• En donnant, nous montrons que nous nous soucions de l'autre.
• En recevant, nous reconnaissons la valeur de l'autre.
• En rendant en retour, nous solidifions le lien en montrant notre gratitude.

Favoriser la coopération
• Ce cycle encourage les gens à coopérer et à s'entraider.
• Il crée un réseau de soutien mutuel et de réciprocité.

Construire la confiance et la réputation
• Le cycle du don renforce la confiance entre les individus.

Instaurer un sens de communauté
• Le donner-recevoir-rendre en retour tisse la trame de la communauté. Cela donne à chacun un sentiment d'appartenance.

Le cycle du don est donc une composante essentielle de la vie sociale en ce qu'il contribue à pérenniser les relations. Il est au cœur de la manière dont nous interagissons, construisons des relations et maintenons la cohésion sociale. Ce cycle nourrit notre existence en créant des liens, en favorisant la coopération, en construisant la confiance, et en instaurant un sens profond de reconnaissance : en résumé, tout ce que l'on espère du travail. Alors, il se pourrait bien que l'espérance réside au cœur des compétences socio-comportementales (*soft skills*).

Compétences clés pour agir avec espérance

Les *soft skills* sont des aptitudes comportementales qui influencent la manière dont nous interagissons avec les autres. Dans un monde du travail soumis à des changements rapides avec une péremption accrue (savoirs techniques), ces compétences sont essentielles. Minouche Shafik, ancienne directrice de la London School of Economics, nous dit : « Hier nos emplois se concentraient sur les muscles, aujourd'hui sur les cerveaux, demain ils devront faire la part belle à nos cœurs. »

L'ntelligence émotionnelle, aptitude socle

« L'intelligence émotionnelle correspond à la capacité de traiter des informations sur ses propres émotions et celles des autres. En outre, cela inclut également la possibilité d'utiliser cette information comme guide de réflexion et de comportement. Ainsi, les personnes ayant une intelligence émotionnelle développée font attention, utilisent, comprennent, [ndr: apprivoisent] les émotions. D'autre part, ces compétences servent à des fonctions adaptatives qui leur procurent des avantages, à eux-mêmes et à d'autres. » (Peter Salovey, John Mayer, 1990)

De cette capacité, découlent :

• La résilience, cette capacité à rebondir après des échecs ou des situations difficiles. Elle est fondamentale pour naviguer dans un environnement incertain. Selon une étude publiée dans le Harvard Business Review, les employés résilients sont capables de s'adapter rapidement aux changements et de maintenir un niveau élevé de performance malgré les obstacles (Coutu, 2002).

• L'adaptabilité, qui consiste à ajuster ses comportements et ses stratégies en réponse à des changements imprévus. Elle est particulièrement importante dans un contexte où les conditions de travail évoluent rapidement. Favoriser l'apprentissage continu. Former les collaborateurs, les faire monter en compétence. Ecouter et répondre aux attentes des salariés.

• L'assertivité : une communication claire, précise, factuelle, sans jugement est essentielle pour gérer l'incertitude. Parler à la première personne, identifier ses émotions et connaître ses besoins aide à s'exprimer sans agressivité ni soumission. Un rapport du Project Management Institute souligne que les projets avec une communication efficace sont 50 % plus susceptibles d'être achevés avec succès (PMI, 2013).

• Un leadership inspirant : les leaders jouent un rôle crucial en période d'incertitude. Un leadership inspirant est capable de mobiliser les équipes, de donner du sens et de l'orientation. Simon Sinek (2009) affirme que les leaders qui communiquent une vision claire et motivante peuvent inspirer l'engagement et la confiance.

En fait, le travail ne se résume pas à des éléments contractuels et chiffrés. Henry Ford disait : « Deux éléments n'apparaissent pas au bilan de l'entreprise : sa réputation et ses hommes. » Les aptitudes interpersonnelles sont indispensables pour évoluer dans un monde du travail en perpétuelle mutation. Elles sont autant des solutions de pacification des relations, car elles permettent de dépasser les aspects individuels et de se décentrer – le fameux pas de côté.

Pratiques pour cultiver l'espérance

Toutes les approches dites systémiques, car elles sont multidimensionnelles, comme l'approche contextuelle (prenant en compte quatre dimensions : les faits, la dimension psychologique, transactionnelle, l'éthique relationnelle) ; les régulations d'équipe, l'analyse des pratiques professionnelles sont particulièrement bénéfiques car elles permettent de travailler sur le cadre, les postures, l'éthique relationnelle. Ces pratiques réintroduisent des espaces de narration salvateurs, en grande partie perdus, car remplacés par la dématérialisation (la transmission informatique des données se fait au détriment du partage d'expérience, du récit, du ressenti) ou encore négligés par manque de temps ; le co-développement, l'intelligence collective ; toutes ces approches qui favorisent la co-construction et le sentiment de reconnaissance.

Pour agir avec espérance dans un contexte marqué par l'incertitude, il est essentiel de développer et de cultiver des compétences interpersonnelles telles que la résilience, l'adaptabilité, la communication, le leadership inspirant. Il est fondamental de créer un environnement de travail favorisant la collaboration, la prise en compte d'autrui. Le cycle du don est une puissante référence et une inestimable source d'espérance.

Apprendre autrement tout au long de la vie

SYNTHÈSE DE LA TABLE RONDE RÉDIGÉE PAR PIERRE-HENRI DUÉE

Former différemment sera nécessaire demain pour pouvoir contribuer utilement à la société. Mais que peuvent nous apprendre les acteurs qui expérimentent déjà d'autres manières de développer ses compétences ? Ce fut le thème de la seconde table ronde réunissant Caroline Cosnard, directrice France chez Sens Of Life, par ailleurs très engagée au niveau régional chez les Scouts et Guides de France et Olivier Le Maire pour l'association des Écoles de Production, avec Anne-Sophie de Quercize, présidente de l'Observatoire Pharos et vice-présidente des SSF, animatrice de la table ronde.

On rappellera que le rôle de l'Observatoire Pharos, plateforme de réflexion et d'action, est d'envisager un monde dans lequel la diversité d'appartenances est une richesse et non un facteur de violence ou d'exclusion. La diversité est, en effet, un état de fait au sein des sociétés. L'association met en œuvre des projets et une communication adaptée pour faire reconnaître cette diversité comme une réalité au service de la coexistence pacifique et du renforcement du lien social. N'est-ce pas un objectif que l'on perçoit aussi à travers le double témoignage de la table ronde ?

Les vertus d'un apprentissage par l'action

Les témoignages, pourtant exprimés dans des contextes différents, ont souligné les vertus d'un apprentissage par l'action, du savoir-faire tout autant que du savoir-être.

Les Écoles de Production

Les Écoles de Production (71 actuellement), établissements privés d'enseignement technique, accueillent des jeunes à partir de 15 ans, en échec scolaire, pour leur proposer des formations qualifiantes, en faisant le pari de leur réinsertion : apprendre autrement et redonner confiance aux jeunes.

Créées au 19e siècle à Lyon, les Écoles de Production ont été reconnues par l'État en 2018. Elles mettent en œuvre une approche éducative globale valorisant l'utilité des apprentissages des jeunes par les conditions exigeantes de commandes d'entreprises ou de particuliers : c'est en produisant des commandes que chaque élève, encadré par des maîtres professionnels, s'enrichit des compétences nécessaires à la maîtrise du métier.

Les valeurs au cœur de cette pédagogie sont cardinales : sens du collectif et travail en équipe ; confiance et respect ; exigence et responsabilité ; espérance et engagement. « Nous partageons une espérance résolue en l'avenir de tous les jeunes, quelles que soient leurs histoires et difficultés personnelles », souligna Olivier Le Maire qui croit en la pertinence de ce qui fonde cette pédagogie. Au final, 90 % des jeunes sortent avec un diplôme professionnel reconnu et un jeune sur deux poursuit sa formation au-delà du CAP. Par ailleurs, 100 % d'employabilité sont avérés pour celles ou ceux qui cherchent un emploi.

Les Scouts et Guides de France

Pour les Scouts et Guides de France, mouvement catholique de jeunesse et d'éducation populaire, l'expérimentation par le jeu ou l'aventure précède tout « enseignement » généraliste, en y intégrant le partage de valeurs. Le « fair play », le « savoir être », tout autant que « célébrer » la réussite dans une activité qu'il aura contribué à construire constituent des principes partagés que le jeune scout ou guide s'efforce de mettre en pratique.

Le projet éducatif des Scouts et Guides de France se décline en plusieurs axes : la construction de la personnalité ; le vivre ensemble dans une perspective démocratique ; une éducation à l'engagement ; le respect de la planète. Former des citoyens actifs, épanouis et engagés pour la paix, sans distinction de nationalité, de culture, d'origine sociale et de croyance, est au cœur de ce projet, qui pourrait aussi se décliner par ce mot d'ordre : n'ayez pas peur d'accueillir, ça ne peut que vous enrichir !

Par ailleurs, « être bénévole dans l'association [il y a un bénévole pour trois jeunes], c'est expérimenter des modalités de management que l'on pourra valoriser dans l'entreprise », témoigna Caroline Cosnard.

Débat

Les questions posées par le public ont concerné le contenu de l'enseignement public actuel et la place accordée à l'enseignement de ces principes et valeurs illustrés à travers l'exposé de ces deux expériences. Quelle place est notamment accordée dans l'apprentissage du savoir-être ? Quel développement aux travaux réalisés en équipe ? N'y a-t-il pas aussi un effort à faire dans l'apprentissage de l'expression de ce que l'on ressent, à l'instar de ce qui se pratique en équipe chez les Scouts et Guides de France ?

Attentes et projections pour l'avenir : regards sur le travail

SYNTHÈSE DE LA TABLE RONDE RÉDIGÉE PAR PIERRE-HENRI DUÉE

L'un des points forts des rencontres des Semaines sociales repose sur l'insertion de témoignages. Sur le thème du travail, il était intéressant de recueillir les attentes de trois étudiants chrétiens de Sciences Po Reims, Maude, Marc-Thomas et Marion. Ils ont exprimé les points d'inquiétude qu'ils imaginent dans le milieu professionnel : pression individuelle, manque de fraternité, non acceptation des différences, un monde où le bien-être n'est pas inné ! Ils ont dit aussi leurs points d'espérance : protéger la Création, contribuer à réaliser un monde plus « équilibré », bénéficier d'un accompagnement et se défaire de ses craintes. Ils ont affirmé qu'être chrétien a du sens dans le cadre du travail, écartant la possibilité de travailler dans une entreprise qui soutiendrait des orientations à l'encontre de leurs valeurs.

La pensée sociale chrétienne pour construire une économie « humaine »

Être chrétien a des conséquences dans le travail et c'est ce que nous enseigne la pensée sociale chrétienne rappela Mgr Éric de Moulins-Beaufort, président de la Conférence des évêques de France et archevêque de Reims, même s'il fit remarquer que le prêtre esquive le « marché du travail », une expression d'ailleurs à interroger ! Construire une économie « humaine » qui respecte les intérêts de chacun, pour définir un travail de qualité, c'est d'abord mettre au cœur du travail la dignité de l'homme, co-créateur du monde, mais aussi gardien d'une création qui lui a été confiée, comme le rappellent les premiers chapitres de la Bible, et notamment le livre de la Genèse. Bien entendu, quand on évoque le travail, il s'agira du travail rémunéré, tout autant que de toutes les activités non rémunérées dans lesquelles l'homme rend des services, crée, au sein de la famille comme dans des associations. La qualité du travail s'évalue par sa capacité de création, sa contribution au Bien commun, mais aussi par le sens qu'il donne et les relations qu'il procure, dans le respect des autres.

Le travail, une voie pour parvenir au sens de ma vie

En notant que la problématique du sens du travail était très partagée par les jeunes, Mgr Éric de Moulins-Beaufort prolongea ce constat en indiquant que le travail était aussi « un moyen pour parvenir au sens de ma vie ». La question principale qu'un jeune se pose n'est-elle pas cette question du sens de sa vie ? Comment définir ce sens de la vie ? D'ailleurs, il faut se rappeler aussi que les études sont une préparation à la vie, et pas seulement au travail.

Dans le témoignage des trois étudiants, Mgr. Éric de Moulins-Beaufort fit remarquer qu'il n'y avait pas eu une quelconque évocation de solutions techniques, ni dans leurs points d'inquiétude, ni dans leurs points d'espérance. Ils ont essentiellement énoncé un besoin de liens sociaux, de découvertes, de sens.

Comment dès lors le travail, notamment pour un chrétien, va-t-il contribuer à révéler le sens de sa vie ? Le rapport entre le travail et le produit de ce travail, les valeurs portées par le projet d'entreprise, les relations entre les personnes et le respect de l'autre seront autant de mises en situation pour cerner le sens de la vie.

Les jeunes qui ont témoigné ne craignent pas d'affronter le « monde du travail » parce que la foi, dont ils témoignent aussi, donne confiance et espérance. Ces témoignages contrastent avec ceux, entendus en 2023 à Lyon, des « décrocheurs » qui, aussi au nom de leur foi, décident de s'éloigner de l'entreprise et du monde du travail. Mais les uns et les autres sont-ils représentatifs de toute la jeunesse ?

Travail en mutation

Paris, 23 novembre 2024

Ouverture

PAUL LIGNIÈRES
PHILIPPE GARABIOL
ISABELLE DE GAULMYN

PAUL LIGNIÈRES[1]

Lorsque nous avons construit notre partenariat avec les Semaines sociales, nous nous sommes avant tout efforcés de valoriser les ressources de ce lieu pour servir au mieux vos journées de réflexion. Notre université est un lieu d'histoire, de travail et de foi. L'histoire est dans chacune des pierres qui vous entourent, pour ceux qui savent lire les pierres. Marie de Médicis a posé la première pierre de l'église St Joseph, les martyrs des Carmes ont été massacrés dans le jardin, Joséphine de Beauharnais a été emprisonnée dans ces murs pendant la Terreur. Lacordaire a refondé ici l'ordre des Dominicains. Edouard Branly a découvert la radioconductivité. Pierre de Coubertin, Bernanos et Christian de Chergé ont étudié dans ces lieux. Teilhard de Chardin, Daniélou, Yves de Montcheuil y ont enseigné. C'est ici que des laïcs ont fondé l'Essec en 1907. L'Institut a toujours cette volonté de permettre à l'Église ses valeurs morales dans le monde économique et pour l'Essec de former des générations de dirigeants d'entreprise. Un lieu de travail où se croisent 10 000 étudiants dont 1 000 en théologie. C'est un lieu de tradition et d'échange, de dialogue entre la foi et l'intelligence, un lieu de spiritualité, enfin.

L'église de l'Institut catholique de Paris porte le nom de Saint-Joseph-des-Carmes. Saint Joseph, saint patron des travailleurs, avait enseigné le travail de menuisier à Jésus. Yves de Montcheuil, professeur de l'ICP, avait utilisé le terme de mystère de Nazareth pour décrire ces 30 premières années de la vie de Jésus, sa vie cachée. Le mystère de Nazareth, c'est la rédemption du travail. Ce travail, écrivait-il, qui

---

[1] Paul Lignières est vice-recteur à l'Institut catholique de Paris.

« nécessite la pureté d'intention, l'application au travail, l'effort pour bien faire, la conscience professionnelle d'un Dieu-homme pour l'accomplir dignement ». Ce travail qui n'est pas au service du progrès matériel de l'humanité mais qui est un travail « dans l'ordre temporel, matériel pour le progrès spirituel de l'humanité ». Cette spiritualité de Nazareth permet la transformation perpétuelle du temporel, valeur essentielle du christianisme. Pour ce faire, Montcheuil nous conseille de nous garder d'un côté de l'activisme et de l'autre de ce qu'il appelle le « quiétisme social ».

On indique parfois que les Semaines sociales de France sont à l'origine de nombreuses lois. La démarche de Montcheuil était d'un autre ordre. Ses conseils de vie spirituelle n'incitaient pas à faire des lois pour exiger des autres, mais à s'interroger sur son propre engagement « sans rien dissimuler des exigences de la route ni de la splendeur du terme où conduit cette fidélité ». Au-delà du confort et de la beauté de ce lieu d'accueil, c'est également cette spiritualité du travail, ce « mystère de Nazareth » que ce lieu peut nous permettre de découvrir.

Philippe Garabiol[1]

À la suite de la très belle journée de Reims qui fut un grand moment de spiritualité et de réflexion constructive, il me revient l'honneur, en tant que responsable des Semaines sociales de Paris et avec tous les membres de l'association, de vous souhaiter la bienvenue pour ces deux journées consacrées au travail.

Cette question du travail, nous la prenons telle qu'elle est, mais dans un contexte bien moins favorable qu'il y a trente ans, quand, à la suite de la chute du mur de Berlin, tout semblait possible. Or, les failles de notre monde ne cessent de s'agrandir : failles géopolitiques, failles climatiques, failles morales, failles sociales, aussi. La seule bonne nouvelle est que nous avons gagné en humilité. Nous devons avouer que nous ne pouvons pas forcer l'histoire. Ce n'est pas rien car l'incertitude nous met au défi de notre humanité. Il nous faut apprendre, face à un problème, à l'affronter, à le contourner, à le détourner et finalement à le déborder. Pour sortir d'une logique mortifère, il nous revient de construire une maison commune qui repose sur des fondations solides. Les questions sociales sont essentielles pour bâtir de telles fondations. Le travail, s'il est digne et seulement s'il est digne, constitue le meilleur rempart contre les dégradations dont souffre notre société. Il nous revient pendant ces journées de façonner les contours d'un travail digne qui restaure le travailleur dans toute sa dimension humaine et spirituelle. Ce travail de réflexion nous revient collectivement.

Vous me permettrez de jouer au coach sportif et de reprendre la devise olympique : « Tout seul, on va plus vite, ensemble, on va plus loin, tous ensemble, on va plus haut ! » Modestement, les Semaines sociales de Paris participent à l'effort collectif. Nous avons organisé quatre conférences l'année dernière pour essayer de rendre

---

[1] Philippe Garabiol est président de l'antenne parisienne des Semaines sociales de France.

notre monde un peu plus éthique et équitable : une conférence sur les nouvelles formes de pauvreté et le bénévolat, une conférence sur le changement climatique et son impact sur le dialogue social dans l'entreprise, une conférence sur l'économie de la culture, une conférence sur la santé des travailleurs et la responsabilité pénale, mais surtout éthique, de l'employeur. Notre prochaine conférence portera sur l'enfance en danger et sera animée par Baptiste Cohen, directeur du pôle protection de l'enfance à la Fondation des Apprentis d'Auteuil, le 16 décembre prochain.

Comme vous le savez, une grande partie de nos concitoyens souffrent d'un sentiment d'injustice et d'inégalité. Ils ont l'impression de vivre oubliés de la société. Il est vrai que notre société n'est pas forcément accueillante et fraternelle notamment pour les plus démunis et les plus faibles. Les fins de mois peuvent éclipser la fin du monde, mais aussi, plus brutalement, rendre obscure la finalité de l'existence. Selon le rapport annuel du Conseil économique social et environnemental sur l'état de la France, un Français sur quatre n'a pas le sentiment de faire pleinement partie de la société. Ce chiffre ne peut que nous bousculer dans nos certitudes et nous obliger à sortir de notre « zone de confort ». C'est pour cela que les propositions qui découleront de ces deux journées ne sont pas superfétatoires et, tout au contraire, permettront, si elles sont appliquées, de rendre notre monde plus aimable à notre prochain.

Parfois, au lieu de descendre d'un étage dans la spirale du renoncement, il est possible de remonter d'un ou de plusieurs étages à force de volonté, d'espérance et de foi. C'est pour cette raison que votre présence est essentielle. Il nous revient en tant que semainiers et semainières de diffuser la pensée sociale chrétienne pour qu'elle infuse dans notre société. La question du travail doit revenir au cœur du débat public comme il est au cœur de la vie des hommes et des femmes de notre monde.

Je termine en lançant un appel aux semainiers et semainières qui résident ou qui travaillent à Paris pour venir rejoindre l'antenne parisienne des Semaines sociales de France. Soyez tous les bienvenus pour ces deux journées d'échanges que je souhaite aussi intensifs que fraternels.

ISABELLE DE GAULMYN[1]

Pourquoi avons-nous choisi le travail pour thème de cette session ? Si l'on a beaucoup parlé de l'emploi et du chômage, il nous a semblé que le travail était devenu un angle mort de la réflexion sur l'état de la société. Les manifestations contre la réforme des retraites ont pu donner l'impression que l'objectif du travail était d'obtenir la retraite. Le Covid nous a fait découvrir de nouvelles manières de travailler et a remis en cause le sens du travail. Ces évolutions montrent qu'il y a eu des changements considérables dans la manière dont la société perçoit le travail aujourd'hui, ce qui s'accompagne d'un certain malaise. En effet, 43 % des actifs, selon un sondage, aimeraient trouver un travail ayant plus de sens, notamment chez les jeunes.

---

[1]   Isabelle de Gaulmyn est présidente des Semaines sociales de France.

Et seulement 24 % des Français estiment que leur travail joue un rôle important dans leur vie, alors qu'ils étaient 60 % il y a 30 ans. Est-ce un mieux, est-ce un mal ? En tout cas, les choses ont changé.

Les Semaines sociales, créées en 1904, à Lille et à Lyon, par des patrons, des journalistes et des gens qui voulaient que l'Église ait une voix dans la société se sont toujours beaucoup intéressées au travail. D'ailleurs, la première encyclique qui a finalement fondé la doctrine sociale de l'Église *Rerum Novarum*, de Léon XIII en 1891 parlait du travail et de l'industrialisation.

Avec ce thème du travail, nous avons pu laisser penser que nous ne nous intéresserions qu'aux actifs. Loin de là ! Bon nombre de retraités sont loin d'être non-actifs. Sur le plan personnel, nous sommes tous concernés par ce problème, que ce soit pour nous occuper de nos parents âgés ou de nos petits-enfants. Certains emplois ne trouvent pas preneurs, sont déconsidérés, mal payés, bien qu'on les ait qualifiés d'essentiels à un moment donné. Par ailleurs, le sujet du travail porte aussi sur le partage entre la valeur du capital et celle du travail dans notre société, sur les inégalités salariales, sur les emplois déconsidérés et mal payés, le partage également entre jeunes et anciennes générations. Cela touche notre société dans la manière dont le travail est organisé en entreprise et influe sur notre système démocratique.

La réflexion que nous allons mener a une véritable utilité pour tous ceux qui sont insérés dans des associations, qu'elles soient paroissiales, de quartier ou nationales. Nous allons écouter des chefs d'entreprise, des syndicalistes, des universitaires, des personnalités politiques et nous allons tenter d'élaborer de manière collective une parole sur le travail et le bien commun. Nous devons, dans les associations chrétiennes, trouver de nouvelles modalités d'organisation plus inclusives de façon à réfléchir ensemble. Alors, au travail !

Décrypter la complexité du travail

Anne-Michèle Chartier
Olivier Colleau
Bruno Palier

Sophie de Ravinel[1] : Bruno Palier, vous êtes spécialiste de la protection sociale et vous êtes coordinateur et auteur d'un livre qui a rassemblé 60 chercheurs en collectif, Que sait-on du travail ? Parlez-nous de votre rapport au travail, de ce qui ferait pour vous l'idéal du bien-être au travail, de ce pourquoi nous n'y sommes pas en France et de ce qu'il faudrait faire pour y parvenir.

Bruno Palier[2] : Merci d'avoir choisi ce thème du travail. Quelles sont les conditions du travail ? Qu'en est-il de la santé au travail ? Quelles sont mes capacités à participer à la définition de ce que je fais au travail ? Quel est le sens que je donne et que l'on donne à mon travail ? Ces questions reviennent ces temps-ci pour de nombreuses de raisons.

La première raison est une baisse du chômage, dont le taux élevé avait entraîné l'écrasement de la question du travail, des conditions de travail, de son organisation, de son sens. Quand il devient possible d'observer ce qui se passe au travail, d'exprimer ce que l'on y ressent, de douter et de s'interroger, on entend un message de mal-être. J'ai beaucoup étudié l'histoire de la protection sociale et j'ai remarqué que la doctrine sociale de l'église a fortement contribué à l'institutionnalisation des systèmes de protection sociale en lui donnant une forte légitimité. Pourquoi donner une légitimité à la question du travail ? Certains ont voulu balayer cette question d'un revers de la manche. Si j'ai organisé cet ouvrage, c'est que, travaillant depuis longtemps sur la question des retraites, j'ai constaté que, systématiquement, quand

---

[1]   Sophie de Ravinel est journaliste politique au Figaro.
[2]   Bruno Palier est directeur de recherche du CNRS à Sciences Po.

s'annonce le projet d'une réforme repoussant l'âge de la retraite, une majorité de Français se mobilise dans la rue ou dans les sondages, les élections, contre l'idée d'avoir à travailler plus longtemps. On dit alors que les Français sont feignants et ne veulent pas travailler. Après avoir lu les études faites par des psychologues du travail, des sociologues ou des économistes, et échangé avec des syndicalistes et des entrepreneurs, ce qui en ressort est, en fait, c'est tout le paradoxe, que les Français sont plutôt plus attachés au travail que d'autres populations. En comparant des études internationales, quand on demande aux gens ce qui est le plus important dans leur vie, le travail est toujours dans les trois premières positions chez les Français, ce qui n'est pas le cas en chez les Britanniques, les Allemands et encore moins les Américains. Les Français y attachent une grande importance pour la définition de leur identité sociale. Ils en attendent de la rémunération, bien sûr, mais aussi de la reconnaissance, une construction d'identité au travail. Mais ce qui marque l'expérience au travail est une grande déception par rapport aux attentes. On a beaucoup parlé de démissions après le Covid, des gens ont décidé de changer de travail, voire renoncer à travailler, on l'a vu aux États-Unis. En France, c'est plutôt une grande déception. Environ deux-tiers des Français éprouvent une déception par rapport à l'ensemble des attentes. Je vais souligner quelques pistes de compréhension.

Pourquoi va-t-on travailler ? Quelle est la source de bien-être, de développement, d'accomplissement au travail ? Les études que nous avons rassemblées, de sociologues, psychologues, ergonomes et économistes nous disent que la première chose qui donne de la satisfaction au travail est la qualité des relations humaines, y compris avec les clients. La deuxième chose est l'autonomie. A-t-on une certaine autonomie dans la réalisation des tâches, les horaires ? Peut-on s'exprimer ? Que peut-on faire, ne pas faire ? C'est tout à fait essentiel. Le troisième élément est ce qu'on appelle le sens, le sens du travail effectué, qui est un mot très vague. Quelles en sont les différentes acceptions ? Mon métier est-il utile, a-t-il un impact ? Cela se situe sur deux plans : est-ce utile à mon entreprise ? Mon entreprise est-elle utile au monde, en termes social, environnemental, de profit ? Les études montrent que ce n'est pas lié au diplôme, ce serait presque le contraire. Les femmes de ménage n'ont aucun doute sur l'impact de leur travail, de même que les travailleurs dans les domaines de la construction, de la santé. En revanche, dans les secteurs de la finance, des banques et des assureurs, l'utilité sociale est moins évidente.

La deuxième question, quand on sait à quoi sert son métier, est : ai-je les moyens de bien faire mon travail ? Nous constatons là une rupture dans de nombreux métiers tels que la propreté, la construction, la santé. Nous voyons les départs massifs des infirmières du secteur public hospitalier, qui, n'ayant plus les moyens de faire leur travail correctement, s'approchent parfois de la maltraitance, selon leurs dires.

D'autres éléments participent du bien-être au travail : la sécurité de l'emploi et du revenu ; la possibilité d'un équilibre entre vie personnelle et vie professionnelle ; et enfin la participation à la définition de la stratégie d'ensemble de son entreprise, la démocratie au travail est essentielle.

Du point de vue de l'entreprise aussi, c'est ce qui permet de garantir une productivité qualitative, liée à l'investissement et l'engagement de l'employé. On le mesure concrètement par moins d'absentéisme, problématique majeure aujourd'hui pour beaucoup d'entreprises, de services publics.. Plus on répond positivement aux différents point indiqués, plus le travail est attractif. On a du mal à recruter dans de nombreux métiers, dans les secteurs de la tech ou de l'industrie probablement pour des questions de compétences, mais aussi dans l'hôtellerie, la restauration et surtout les « métiers du cœur », c'est-à-dire tous les métiers de la relation aux autres. C'est visible dans les Ehpad, les services à domicile, la prise en charge des personnes dépendantes.

C'est en partie un problème de rémunération mais aussi de conditions de travail : horaires décalés, non choisis, temps partiels très souvent subis ; difficultés physiques et psychologiques. Malgré la désindustrialisation, les conditions de travail sont particulièrement difficiles en France, plus que dans d'autres pays comparables. On le mesure à l'intensité du travail, le fait de devoir faire beaucoup en moins de temps, de devoir transporter des charges lourdes, d'avoir des tâches répétitives, d'être exposé à des produits dangereux. Si, dans l'industrie, les négociations ont abouti à une diminution des pénibilités, on a négligé le fait que de soulever une personne, l'aider à se lever, à se déplacer était pénible physiquement. Dans les métiers du nettoyage, on est exposé à des produits dangereux. On en voit les conséquences sur la santé des personnes, mais ce n'est pas considéré comme des facteurs de pénibilité. Quels sont ces nouveaux métiers particulièrement difficiles qui cumulent faible rémunération, temps partiels, pénibilité ? Ce sont précisément ceux qu'on a qualifiés d'essentiels pendant le confinement, dont nous avions absolument besoin pour que la société et l'économie tournent. Cela représente 32 % des emplois, mais 22 % de rémunération en moins, plus de pénibilité, plus de précarité. Ce sont les métiers de la santé, de la sécurité, de la logistique, du soin aux autres. Et nous ne sommes pas capables de leur accorder ni la rémunération, ni la reconnaissance. Nous devons nous interroger sur la nécessité de renouveler notre vision du travail et la valeur que nous lui accordons.

Sᴏᴘʜɪᴇ ᴅᴇ Rᴀᴠɪɴᴇʟ : Anne-Michèle Chartier, vous êtes médecin du travail, engagée dans le monde syndical depuis plus de trente ans, spécialisée dans la santé au travail.

Aɴɴᴇ-Mɪᴄʜèʟᴇ Cʜᴀʀᴛɪᴇʀ[1] : Après le panorama rapide mais complet de la complexité du travail actuel par Bruno Palier, je ciblerai mon intervention sur trois points : la densification du travail ; le management et le télétravail ; et en conclusion les perspectives, difficultés de recrutement, coût du travail, pénibilité psychosociale.

---

[1] Anne-Michèle Chartier est déléguée nationale CFE-CGC.

La densification du travail va-t-elle être impactée par l'intelligence artificielle ? L'IA va-t-elle favoriser plutôt la densification ou plutôt la liberté ?

Densification du travail

En tant que médecin du travail, j'ai vu évoluer la densification du travail. Quand un cabinet de consultants arrive dans une entreprise pour étudier le travail, la conclusion est de réduire le nombre de salariés, de même qu'en cas de fusion d'entreprises, ceci avec un travail identique. Cette réduction des coûts a des conséquences néfastes. Cela provoque une taylorisation du travail qui enlève du temps pour les échanges, pour la créativité, la réflexion, le dialogue social, pour transmettre ses connaissances, former les plus jeunes. Le sens du travail s'en trouve altéré.

La France est le seul pays qui accorde du temps pour ces relations au travail. Ainsi les espaces de discussions autour du travail sont formalisés, la Qualité de vie et des conditions de travail (QVCT) et l'évaluation des risques psychosociaux sont inscrits dans la loi. Par ailleurs, de façon informelle se développent aussi les *After Work* et on embauche des *Happiness Manager*. Les relations humaines au travail sont une nécessité. Cependant paradoxalement c'est sur ce point que le management français est le moins performant. On aurait pu penser que le numérique favoriserait l'amélioration du travail, mais avec le risque d'augmenter la densification du travail. L'intelligence artificielle (IA) enlève des tâches faciles, un peu déconsidérées ou routinières, mais peut contribuer à densifier le travail. Cette densification entraîne des maladies au travail, du mal-être, des questionnements sur le sens du travail. On dit que les jeunes ne veulent plus travailler ? Non, les jeunes ne veulent pas travailler comme ça ; ils veulent de l'échange, de la créativité, du sens.

Management

Je fais partie d'un syndicat de cadres et d'intermédiaires qui s'est posé la question du management après le Covid. Je parlerai ici du management de proximité et non du top management, organisation descendante vers le manager de proximité. On constate que le management intermédiaire ne fait plus rêver. Le manager de proximité a des objectifs auxquels il doit répondre et faire en sorte que son équipe réponde à ces objectifs tout en n'en ayant pas les moyens. De plus, il a des problématiques actuelles, telles que les discriminations HF, l'inclusion du handicap mental et physique, etc.

On dit que le management français n'est pas bon comparé aux autres pays. Les qualités d'un bon management sont identiques dans les pays de UE : participation des travailleurs, reconnaissance, clarté des rôles, soutien, décentralisation, place du dialogue social et plus globalement des relations humaines. La France est le mauvais élève, notamment en termes d'autonomie et de reconnaissance. On en revient à la densification du travail : il faut du temps pour ce faire et une place pour le dialogue social.

Concernant le télétravail, les managers ont été confrontés, avec le Covid, à une situation où il a fallu s'adapter très rapidement avec une forte densification du travail. Beaucoup ont été en burn-out, en dépression. Cette période a notamment mis en évidence les différences hommes/femmes. Qui télétravaille dans la cuisine ? Qui s'occupe des enfants ? En majorité les femmes. Nous avons travaillé sur ce sujet et produit un site, mieuxtélétrvailler.fr, en partenariat avec l'ANACT, à destination des managers, qui interroge sur les pratiques managériales pour promouvoir les bonnes pratiques.

La pénibilité psychosociale est prise en compte dans différents pays de l'UE, Autriche, Italie, Espagne, Allemagne, mais pas en France. Pourtant c'est bien cette pénibilité dûe à la densification du travail qui conduit à la dépression, à l'anxiété généralisée et au burn-out.

Perspectives

Le coût du travail est à reconsidérer dans une perspective sociétale. Le coût social du travail est-il vraiment pris en compte ? Quel est le bénéfice de densifier le travail à la recherche de plus de productivité pour augmenter en parallèle les arrêts de travail et le turnover de l'entreprise. Ces coûts sont à prendre en considération, de même que la pénibilité psycho-sociale.

Les difficultés de recrutement des entreprises font que la question de la Qualité de vie et des conditions de travail devient un enjeu. Un indice QVCT (comme l'indice égalité hommes femmes) permettrait de valoriser les démarches QVCT des entreprises et pour les salariés de choisir leur employeur en fonction de ses valeurs humaines.

SOPHIE DE RAVINEL : Olivier Colleau, vous êtes président exécutif de Kiloutou depuis 15 ans, entreprise du Nord qui fait de la location de matériel de BTP et regroupe 7 000 salariés et 600 agences dont 450 en France

OLIVIER COLLEAU[1] : Je dois vous avouer ma grande tristesse quand je vois comment le travail est vécu ou perçu en France. Je ne connaissais pas le chiffre donné par Isabelle de Gaulmyn, le fait que 24 % des gens considèrent le travail comme faisant partie de leur vie. Je trouve cela désolant car cela voudrait dire que le travail est une plaie. La douleur dans laquelle s'est faite la réforme des retraites, les problèmes de burn-out, de démissions m'attristent en tant que salarié et de dirigeant, car cela associe le travail à la souffrance et signifie qu'il faut être vite à la retraite pour enfin vivre.

Je souhaite apporter un vécu en entreprise sur des choses que j'ai entendues et que je retrouve. Le travail en entreprise crée du lien. Nos magasins sont de petites entités composées de 5 à 10 personnes qui vivent ensemble, déjeunent ensemble, partagent parfois leur vie personnelle, il y a de l'entraide. Nous avons mis en place

---

[1] Olivier Colleau est président exécutif de Kiloutou.

il y a trois ans, avec le CSE et les élus, la possibilité de donner des jours de congés payés à un collègue qui en aurait besoin pour s'occuper d'un proche. Cette idée est venue de certains salariés qui ont eu envie de faire cette action de solidarité au sein de l'entreprise.

Donner du sens, c'est une réalité. Le travail peut donner du sens à ce que vous faites dans votre vie. En 2011, nous avons écrit notre projet d'entreprise avec 500 personnes, en France et dans six autres pays : qu'est-ce qui fait notre force ? Où a-t-on envie d'aller ? Nous l'avons renouvelé en 2018, car les choses s'accélèrent et cela demande de s'adapter, et de nouveau en 2023. Le télétravail a changé beaucoup de choses et le faire ensemble donne du sens. Écrire le projet ensemble permet de s'engager, de se projeter. En tant que dirigeant, cela rend les choses plus faciles pour moi. Chez nous, quel que soit le métier, mécanicien, chauffeur poids lourds, commercial ou administratif, vous savez où votre action va intervenir dans le schéma plus global de l'entreprise.

Je pense également que le travail peut faire grandir. Nous sommes fiers du fait que 50 % de nos cadres sont issus de la promotion interne. J'ai eu cinq emplois avant d'avoir l'honneur de diriger cette belle société. Certains de nos collaborateurs ont réussi sans avoir fait de grandes écoles, mais grâce à leur courage, leur engagement et leur qualités relationnelles.

Anne-Michèle, je suis en accord avec la densification dont vous avez parlé. On constate une accélération, depuis le Covid, d'un ensemble de mécanismes. Je vois les limites et les bienfaits de l'IA, et nous devons être vigilants face aux risques.

Je ne suis pas un grand partisan du télétravail. Nous avons un accord de télétravail, que nous avions négocié avec les élus en 2019, et qui est nécessaire pour les nouvelles recrues, mais je ne le souhaite pas à haute dose, car cela casse le lien, amoindrit la créativité, crée un repli sur soi. La créativité vient de la confrontation d'idées, de l'observation, mais pas tout seul devant son ordinateur. Nous souhaitons donc l'utiliser avec parcimonie.

En tant que dirigeant, tout ce que je décris peut donner un travail épanouissant, malgré le fait que la société dans laquelle on vit est dure, même violente, de plus en plus individualiste. Le travail peut épanouir et libérer, mais ce n'est pas facile et demande de l'ouverture d'esprit, la conviction que le collectif est plus fort que l'individuel, d'avoir des discussions très ouvertes avec les salariés et leurs représentants élus. J'ai les pieds sur terre : une entreprise doit gagner de l'argent pour subvenir à ses besoins, investir, recruter et les dirigeants doivent parfois prendre des décisions peu réjouissantes. J'ai conscience de certaines réalités, mais je pense qu'on peut être heureux au travail.

SOPHIE DE RAVINEL : Les perspectives ont changé par rapport aux années 1970 pour ceux qui entrent dans le monde du travail. Bruno Palier, y a-t-il une nouvelle jeunesse et un nouveau marché qui s'appuierait sur les millenials. Ceux-ci existent-ils vraiment ?

Bruno Palier : Il est difficile de parler d'une seule jeunesse. Au sein d'une co-horte d'environ 700 000 personnes, de plus en plus de jeunes vont être diplômés du supérieur, mais il existe aussi des « ni-ni », qui n'ont ni emploi ni formation et se trouvent en très grande difficulté. Les personnes qui travaillent aux Apprentis d'Auteuil connaissent bien ce type de situations. Ceux qui ont un master sont assurés d'avoir un emploi à la sortie de leur master, pas forcément celui dont ils ont rêvé, mais leur taux de chômage est très faible. On entend dire : « Ils ne veulent plus travailler, je leur propose un CDI et ils veulent un CDD ». Ce qui serait la preuve qu'ils ne veulent pas travailler ou qu'on ne les comprend pas. Est-ce la jeunesse qui a changé ou les circonstances sur le marché du travail ? Le chômage a baissé et quand il baisse, cela change le rapport de pouvoir entre les employeurs et les salariés. Les DRH de 1980 à 2010 étaient principalement des licencieurs, ils organisaient des plans sociaux et des départs. Depuis 2015, ils doivent recruter, attirer et garder les gens. Ils doivent se poser des questions de rémunération, de conditions de travail, etc. C'est la même chose du côté des jeunes, il y a plus de choix possibles et ils se posent plus de questions. On ne s'est pas posé la question de la mise à l'essai par l'employeur, et on a négligé celle du travailleur. Les jeunes mettent leurs employeurs à l'essai, en commençant par un CDD, pour se rendre compte des conditions de tra-vail et de la qualité des relations humaines.

Sophie de Ravinel : Le fait que les jeunes ait un horizon moins stable que celui que pouvaient avoir leurs parents a-t-il une influence sur ce phénomène ?

Olivier Colleau : À mon avis, les générations se suivent et ne se ressemblent pas. On pouvait tenir ce même discours il y a 30 ans ou 60 ans. Les jeunes ont aujourd'hui des demandes qui ont changé, le Covid ayant accéléré les choses. Le télétravail a modifié la relation employeurs/employés. Il faut donc s'adapter. Avoir un plan de carrière, travailler 40 ans dans la même entreprise, cela n'existe plus. Je ne souhaite pas stigmatiser les jeunes, en affirmant que c'était mieux avant. Certes, le monde est changeant et violent, et on ne peut pas se projeter sur 20 ans.

Anne-Michèle Chartier : Le fait que les jeunes osent aller voir leur DRH ou leur manager pour leur exposer leurs problèmes de discrimination ou de harcèlement est plutôt rafraîchissant. Quand l'emploi était tendu, on craignait de se faire licencier.

Sophie de Ravinel : Vous avez évoqué le point de l'intelligence artificielle et, globa-lement, celui de l'évolution technologique. Cela accentue-t-il un clivage, pas forcé-ment générationnel, entre ceux qui sont habiles et d'autres moins ?

Anne-Michèle Chartier : L'IA n'a pas encore complètement pénétré les entre-prises. C'est une évolution qui est devant nous ; nous avons plutôt affaire à des algorithmes qui décident pour nous. Pour l'instant, l'IA n'a pas encore montré tout son potentiel, on l'étudie, on l'appréhende, même au niveau syndical. On sent ce que cela peut entraîner, à travers les algorithmes. Par exemple, dans notre activité sur la santé au travail, il faut repérer les personnes qui sont fragiles et en risque de désinsertion. Avec les algorithmes uniquement, on sort de la relation humaine.

BRUNO PALIER : De tous temps, l'innovation technologique a été perçue comme une menace sur le travail, craignant qu'elle ne supprime des pans d'activité. Le recul historique montre qu'en fait il y a surtout une transformation des tâches que l'on accomplit au travail. Comment orienter cette transformation et ne pas laisser place à la peur des suppressions d'emplois ? Il existe deux façons d'aborder cette transformation. La première consiste à se saisir des changements technologiques comme d'une opportunité pour améliorer et humaniser le travail. Par exemple, un exosquelette peut soulager certaines tâches pénibles ; l'IA peut exécuter des tâches peu intéressantes et laisser du temps pour se consacrer aux plus complexes. La seconde façon soumet l'humain à la machine. Dans les entrepôts, c'est une IA qui dicte ce qu'il faut faire ; dans les Ehpad ou les services à domicile, c'est la tablette qui vous dit quoi faire. Nous sommes, dans ces cas-là, loin de la libération des qualités humaines par la technologie, mais, au contraire, poussés à la soumission. Savoir ce que l'on va faire de l'outil technologique est du ressort de l'humain, de décisions managériales.

Débat

TABLE DES QUESTIONS : *Y a-t-il différentes façons d'aborder le travail suivant le statut des entreprises : scop, associations, coopératives, sociétés à mission, etc.*

BRUNO PALIER : Je répondrais oui et non. Oui, clairement, quand on est en coopérative, on prend des décisions collectives, cela fait partie des statuts. Mais on a pu entendre qu'à Kiloutou aussi, on peut le faire. Non, car à travers notre ouvrage, nous avons découvert de la verticalité, un top management qui fixe les objectifs et fait redescendre les décisions, caractéristique du management à la française de l'organisation du travail, quelle que soit la forme de l'entreprise, y compris dans l'Économie sociale et solidaire, ainsi que dans de nombreux services publics. On trouve des travers partout.

– Face à la densification, aux rythmes effrénés, aux horaires tardifs, quelle réponse apporter aux réalités du travail ?

ANNE-MICHÈLE CHARTIER : Il faut, pour y répondre, travailler sur ce management à la française, former les managers, dès les écoles de commerce ou d'ingénieurs, leur apprendre, lorsqu'on négocie la qualité au travail, à prendre en compte la charge émotionnelle et mentale, notamment à travers les organisations du travail. Il faut avoir un dialogue social sur les organisations du travail, car c'est le management descendant qui pose problème.

– Kiloutou fait-elle partie des entreprises à mission ?

OLIVIER COLLEAU : La loi Pacte, votée en 2019, permet aux entreprises à mission d'inscrire dans leurs statuts, leur objet, les actes de la société, le fait que sa mission n'est pas uniquement à but lucratif. Chez Kiloutou, nous nous posons la question, mais nous avons commencé à le faire sans avoir le statut. Le nombre d'entreprises à mission a passé le cap des 1 000, mais je me méfie un peu d'un « statut à mission-washing » qui garantirait une certaine immunité. Faisons déjà bien ce qu'on fait sans forcément avoir le label.

Le travail dans la Bible

Béatrice Oiry

Béatrice Oiry[1] : Disons-le d'emblée, sur le travail, comme sur de nombreuses questions qu'on lui pose, la Bible n'a pas de discours univoque pas plus qu'elle ne développe un propos systématiquement construit. Le travail est cependant une réalité très présente dans les textes bibliques, de l'Ancien et du Nouveau Testament. Je vous propose donc ici non pas une sorte de synthèse de tout ce qui pourrait être « l'enseignement de la Bible sur le travail », mais plutôt une déambulation à travers quelques textes significatifs de l'Ancien Testament et d'autres de l'Évangile de Matthieu. Je privilégie cet Évangile car, plus que les autres, il met en scène des travailleurs et envisage la dimension socio-économique des situations. Les choix que j'ai opérés procèdent d'une découverte que j'ai faite en préparant cette contribution : les textes bibliques parlent peu du travail, mais ils mettent souvent en scène des travailleurs, ils évoquent des situations de travail. Et, en général, ces situations sont le lieu d'une élucidation sur ce qui est engagé par le travail, à savoir une certaine manière de considérer et de traiter les êtres humains, un certain type de rapport à la vie, mais aussi aux biens et à la richesse, au pouvoir et bien sûr à Dieu. La situation de travail est le lieu d'un discernement sur ce qui oriente l'existence et sur ce qui habite le cœur. C'est ce que je vous propose de regarder ensemble ce matin après avoir pris la mesure d'un lien étroit dans l'Ancien Testament entre condition humaine et travail.

Les humains, images de Dieu et serviteurs de la terre

Commençons par le commencement, c'est-à-dire par ces inépuisables récits d'origine au début du livre de la Genèse : celui de la création du monde en sept

---

[1] Béatrice Oiry est maître de conférence en exégèse biblique à l'Institut catholique de Paris.

jours (Gn 1,1-2,3) suivi du récit de l'homme et de la femme dans le jardin d'Eden (Gn 2-3). Ces récits conduisent une réflexion fondamentale sur la condition humaine dans sa relation avec Dieu et avec le monde. On le sait, l'homme et la femme sont d'abord créés « à l'image de Dieu » (Gn 1,27). L'expression « image de Dieu », dans les cultures du Proche-Orient ancien, peut renvoyer à deux choses : soit elle désigne la statue par laquelle la divinité est présente dans le Temple (dans le culte de Babylone par exemple), soit elle se rapporte au roi qui est, pour son peuple, l'image de la divinité, le médiateur de sa présence. Le récit biblique transpose cette expression pour l'appliquer à tout être humain, et il le fait au moment même où il raconte la création de cet humain, homme et femme. L'expression « image de Dieu » peut alors être comprise comme un double énoncé sur la condition fondamentale des hommes et des femmes : en premier lieu le Dieu biblique, le Dieu vivant, n'est pas présentifié par une statue, il l'est par les êtres vivants, par chacun, par chacune. Les humains sont la médiation première de sa présence au monde. Et puis, ces êtres humains, hommes et femmes, sont en quelque sorte des rois dans le monde, c'est-à-dire qu'ils reçoivent du Dieu qu'ils représentent une délégation de son autorité « royale », autrement dit une charge de gouvernance sur la communauté des vivants. On pourrait donc dire que leur être au monde est d'emblée politique, d'emblée en responsabilité. Remarquons aussi, pour terminer, que la première fois qu'il est question des êtres humains dans le récit biblique, c'est relativement à Dieu. Ils sont exclusivement envisagés par rapport à lui, en vis-à-vis pour ainsi dire, « hommes et femmes à son image ». Et c'est cette expression qui peut permettre d'inférer un certain type de relation au monde. Le travail n'est pas ici explicitement évoqué.

Le récit qui suit, l'histoire de l'homme et de la femme au jardin, reprend les choses par un autre biais. Dans la suite du grand récit d'ouverture en « mondiovision », ce récit opère comme un zoom sur la condition humaine. De plus, il déploie un autre scénario de création dans lequel les humains ne sont pas créés les derniers comme précédemment, mais les premiers. Le récit s'ouvre ainsi : « Au jour où Yhwh Dieu fit terre et cieux, il n'y avait encore aucun buisson des champs sur terre et aucune herbe des champs n'avait encore poussé car Yhwh Dieu n'avait pas fait pleuvoir sur la terre et il n'existait pas d'homme pour travailler le sol » (Gn 2,4-5). Image inaugurale d'une terre déserte et sèche car herbes et buissons ne sont « pas encore ». Cet adverbe suggère une terre capable d'être féconde mais en attente. En attente car deux conditions manquent pour qu'elle fructifie : « Yhwh Dieu n'avait pas fait pleuvoir sur la terre et il n'existait pas d'homme pour travailler le sol. »

Ce verset appelle plusieurs remarques. D'abord, le récit s'ouvre par une attention à la terre, c'est elle qui est considérée. Elle est en quelque sorte au centre et c'est relativement à elle que l'homme est envisagé, ou plutôt que l'homme et Dieu sont envisagés. Car la fructification de la terre dépend d'une coopération entre les deux.

Ils semblent ici convoqués ensemble « à son chevet », si je puis dire, l'un comme dispensateur de la pluie vivifiante, l'autre précisément comme travailleur. « Il n'y avait pas d'homme pour travailler le sol. » Ce n'est pas l'homme qui manque au début de ce récit, mais plus précisément l'homme en tant qu'il est travailleur, et la proposition finale « pour travailler le sol » détermine ici qui il est. Ce lien intrinsèque, originaire, entre l'homme et le sol, entre l'humain et l'humus – l'Adam et l'Adamah, en hébreu – est corroboré par le mode de création de l'homme. Il est, on le sait, façonné de la poussière du sol par les mains d'un Dieu potier (Gn 2,7). Puis le récit poursuit : « Et Yhwh Dieu pris l'homme, et il l'installa dans le jardin d'Eden pour qu'il le travaille et qu'il le garde. » (Gn 2,15)

Les deux verbes « travailler » et « garder » sont de grande importance. À propos du premier, il faut d'abord noter que l'hébreu ne connaît qu'un seul mot là où le français distingue « travailler » et « servir ». Une seule réalité donc en hébreu, l'homme travaille la terre, il est à son service. Le second verbe « garder » évoque les figures du berger qui prend soin du troupeau ou du veilleur qui guette sur le rempart de la ville. Il implique donc soin, attention, vigilance. Ces deux verbes disent à nouveau combien, dans ce récit, l'homme est envisagé comme celui qui est tourné vers la terre, qui lui est relatif au sens où sa raison d'être est de la travailler selon les modalités du service et du soin – c'est ce que l'on appellerait dans la doctrine sociale de l'Église, et en particulier dans son volet écologique, « l'intendance », l'homme comme intendant de la terre. Ainsi, le deuxième chapitre de la Genèse dresse-t-il le portrait d'un homme tiré de la terre et voué à son service. Ce soin du créé qui passe par le fait de le travailler appartient pleinement, constitutivement dirais-je, à son être au monde. Autant le premier récit envisageait l'homme relativement à Dieu, ici c'est relativement à la terre qu'il est présenté dans le récit, en agriculteur penché vers le sol. Mais notons qu'à ce point du récit, le travail – ou plus largement l'activité humaine – n'est pas marqué de pénibilité. La logique du mythe permet de faire apparaître ce qui pourrait être le cœur du travail, ce que dans l'idéal il est ou devrait être, une participation harmonieuse au déploiement de la vie, à la fécondité de la terre et à la nourriture de tous. Car ces récits sont issus d'une culture agricole et pastorale où l'économie est de subsistance et où le travail est ce qui permet de nourrir la maisonnée. Mais au-delà de cette nécessité, le travail d'une terre qui n'attend que l'homme pour déployer sa fécondité et où cet homme est créé pour être à son service offre l'image d'un travail harmonieusement intégré à l'ordre du créé et au service de son développement d'ensemble.

Ce lien intrinsèque entre le travail et le déploiement du créé, c'est à dire de la vie donnée par Dieu, est discrètement mis en valeur par l'évangéliste Matthieu dans la manière dont il écrit ce qu'on appelle « les paraboles du Royaume ». Comme vous le savez, il s'agit de cette série de paraboles qui commencent par « le Royaume est semblable à », « il en est du Royaume des cieux comme » : parabole de la graine la plus petite qui devient le plus grand arbre (Mt 13,31-32), le levain dans la pâte qui la soulève tout entière (Mt 13,33), le bon grain et l'ivraie (Mt 13,24-30 ; 36-43) etc. Il est difficile de définir précisément ce qu'est le Royaume, ce Royaume dont Jésus annonce la proximité au début de son ministère. Mais beaucoup des paraboles qui l'évoquent parlent de réalités dynamiques, qui croissent, qui portent fruit, qui nourrissent : graines, levain etc. Elles sont de l'ordre de la vie qui se déploie. Or, chez Matthieu, ces paraboles sont plus nombreuses que chez Marc et Luc et elles présentent une particularité. La parabole de la graine de moutarde, par exemple, commence comme ceci en Marc : « À quoi allons-nous comparer le Royaume de Dieu, ou par quelle parabole allons-nous le représenter ? C'est comme une graine de moutarde. Lorsqu'elle est semée dans la terre, c'est la plus petite de toutes les semences. » (Mt 4,30-21). Matthieu, quant à lui, dit ceci : « le Royaume des cieux est comparable à une graine de moutarde qu'un homme prend et sème dans son champ. » (Mt 13 ;31) Certes, l'analogue du Royaume, c'est bien la graine qui va se déployer, en Matthieu comme en Marc, mais Matthieu donne à voir une des conditions de possibilité de cette croissance qui est passée sous silence en Marc : le geste d'un homme qui sème. Il faut ce travail, cette médiation pour que la graine – image du Royaume – se déploie. Or, ces paraboles du Royaume en Matthieu évoquent une situation professionnelle, elles mettent en scène quelqu'un qui fait un geste d'expert, et c'est ce geste qui permet à la réalité qui évoque le Royaume de se développer. Quelques exemples : « Il en va du Royaume des Cieux comme d'un homme qui a semé du bon grain dans son champ » (Mt 13,24), « Le royaume des cieux est comparable à du levain qu'une femme prend et enfouit dans trois mesures de faine, si bien que toute la masse lève » (Mt 13,33), « Le Royaume des cieux est comparable à un marchand qui cherchait des perles fines. » (Mt 13,45) Jésus convoque ici agriculteurs, boulangers, commerçants, pêcheurs parce qu'il voit dans leur geste expert un allié pour parler de la venue du Royaume. Ces gestes sont des médiateurs qui permettent à la graine, au levain, au filet, etc., de faire leur œuvre. Les travailleurs mis en scène dans les paraboles sont les serviteurs de la matière qu'ils travaillent comme l'est l'Adam créé pour servir le sol dans la Genèse. Le travail comme activité de l'homme dans le monde est inhérent à sa condition. Il appartient au projet créateur, il est au service du son déploiement auquel il participe. Regarder les travailleurs est une voie d'accès pour appréhender quelque chose du Royaume de Dieu. Rien de pénible en cela.

Travail et éthique

Mais le propos biblique sur le travail ne s'arrête pas là car le travail tel que l'expérimentent les Israélites dans leur vie quotidienne n'est pas seulement l'heureux service du jardin ou le geste qui permet l'advenu du royaume. Le travail est aussi un lieu de peine, de conflit, de violence, d'injustice. Il se révèle marqué d'une ambivalence. L'histoire de l'Adam au jardin s'achève, on le sait, par des malédictions. Créé, on l'a vu, comme « travailleur du sol », c'est précisément sur cette condition de travailleur que porte la malédiction. Ceci est d'ailleurs un indice supplémentaire que le travail est la pierre d'angle de l'anthropologie de ce récit. Je cite : « Dieu dit à l'Adam : Parce que tu as écouté la voix de ta femme et que tu as mangé de l'arbre que je t'avais interdit en disant : "Tu n'en mangeras pas." Maudit soit le sol à cause de toi. Dans la peine tu en mangeras tous les jours de ta vie. Épines et chardons il fera germer pour toi et tu mangeras l'herbe des champs. À la sueur de tes narines tu mangeras du pain jusqu'à ce que tu retournes au sol car de lui tu as été pris ; car tu es poussière, et à la poussière tu retourneras. » (Gn 3,17-19)

Le récit s'achève donc sur la perspective d'un sol devenu plus difficile à travailler et moins fécond et par conséquent d'un travail marqué par la pénibilité, qui ne fournit qu'un régime alimentaire appauvri sans parler de l'horizon de la mort qui se trouve ici posé. La cause en est la consommation du fruit de l'arbre interdit. Cet arbre, nous le savons, est l'arbre de la connaissance du bien et du mal, autrement dit l'arbre de l'éthique. Pour faire vite – ce sont des textes redoutablement riches et difficiles qu'il faudrait prendre le temps de lire en détail – disons que l'interdit posé sur cet arbre signifie que la détermination du bien et du mal, autrement dit la source de la loi, ne relève pas d'une décision de l'Adam. Sa vie dans le jardin, sa vie comme travailleur, est placé sous un ordre éthique et la transgression de cet ordre affecte sa condition originelle. Le travail devient alors un lieu d'ambivalence. Effectué dans le respect de la loi, c'est-à-dire accompli avec justice, inscrit dans une éthique, il est porteur de vie ; irrespectueux de cette éthique, il est porteur de mort, pour faire très vite une fois encore. Les situations de travail peuvent donc être lues comme des explorations du conflit de valeurs dont elles sont la scène. C'est alors moins le travail qui retient l'attention que les modalités de son exercice.

Mettre des limites au travail

Le livre de l'Exode est passionnant de ce point de vue. De la première à la dernière page, il déploie toute une réflexion autour du travail, de ses formes et des conditions de son exercice.

Commençons par un petit point de vocabulaire. En hébreu, le mot que l'on traduit par « travailler » est 'avad. Ce mot signifie donc « travailler », mais aussi « servir », « être esclave » et même « accomplir un rite liturgique ». Or, cette racine, dans ses formes verbales et substantivées, est très fréquente dans le livre de l'Exode. On en relève 97 occurrences, ce qui suffit à dire l'importance de la question dans ce texte. Ces occurrences balisent tout un parcours, de la servitude au service, selon l'heureuse formule de l'exégète Georges Auzou[1].

---

[1] C'est le titre de son commentaire de l'Exode : Georges Auzou, *De la servitude au service*, Paris, Éditions de l'Orante, 1961.

Le point de départ de l'Exode est la situation d'esclavage des Israélites sous la férule du Pharaon. Un travail opprimant où il faut toujours produire davantage, sans limite, sans repos, sous les coups, un travail sous la dépendance d'un despote qui revendique d'être l'égal du Dieu du peuple qu'il asservit. D'emblée, le travail se trouve envisagé par le biais des relations de pouvoir qui s'y exercent souvent, que l'on soit dominé ou dominant. Or, on le sait, la situation d'esclavage des Israélites est ce qui provoque l'intervention de Dieu pour les faire sortir d'Égypte. Premier élément donc : la sortie de l'esclavage, d'un travail qui déshumanise, de la dépendance envers une autorité qui s'arroge droit de vie et de mort, est la figure première et archétypale du salut dans l'Ancien Testament. Le livre de l'Exode tout entier rapporte la manière dont Dieu conduit le peuple et lui apprend la liberté sous sa propre autorité. L'Alliance conclue entre Dieu et le peuple est le cadre qui permet d'articuler la relation d'Israël avec Dieu et secondairement son rapport au travail.

L'alliance permet la mise en place de deux garde-fous qui visent à ne plus rendre possible une vie d'esclave. Le premier consiste en une limite mise au travail lui-même. L'Alliance proprement dite est un contrat entre deux parties – ici Yhwh et le peuple – qui s'organise autour d'une loi. Cette loi est ce qu'on appelle le code de l'Alliance (Ex 20-23). Ce code est préfacé par ce que l'on appelle le décalogue (Ex 20,1-17). Or, celui-ci prescrit : « [8]Qu'on fasse un mémorial du jour du sabbat en le tenant pour sacré. [9]Tu travailleras six jours, faisant tout ton ouvrage, [10]mais le septième jour, c'est le sabbat du SEIGNEUR, ton Dieu. Tu ne feras aucun ouvrage, ni toi, ni ton fils, ni ta fille, pas plus que ton serviteur, ta servante, tes bêtes ou l'émigré que tu as dans tes villes. [11]Car en six jours, le SEIGNEUR a fait le ciel et la terre, la mer et tout ce qu'ils contiennent, mais il s'est reposé le septième jour. C'est pourquoi le SEIGNEUR a béni le jour du sabbat et l'a consacré. »

L'institution du sabbat pose une limite, elle fixe un rythme où le repos vient régulièrement interrompre le travail. Remarquons d'abord que cette loi concerne toute la maisonnée, serviteurs et animaux compris, c'est-à-dire tous ceux qui peinent au travail. De plus, elle s'adosse sur la mémoire de l'agir créateur de Dieu qui a mis lui-même une limite à son œuvre créatrice dans le monde. Le repos se trouve ainsi inscrit dans le projet créateur, au même titre que le travail. Le Pentateuque présente une seconde version du Décalogue. Or, celui-ci formule une autre motivation à la loi du Sabbat : « [15]Tu te souviendras qu'au pays d'Égypte tu étais esclave, et que le SEIGNEUR ton Dieu t'a fait sortir de là d'une main forte et le bras étendu ; c'est pourquoi le SEIGNEUR ton Dieu t'a ordonné de pratiquer le jour du sabbat. » (Dt 5,15) Mémoire de l'œuvre créatrice et de sa limitation en Exode, le sabbat se révèle également être pour Israël la mémoire de sa libération d'une servitude invivable.

Le second garde-fou se trouve formulé dans la scène du buisson ardent, au moment même où Dieu envoie Moïse vers Pharaon pour négocier la libération du peuple. Moïse résiste, il a peur et essaie de se défiler. Il entend alors Dieu lui dire : « Je suis avec toi. Et voici le signe que c'est moi qui t'ai envoyé : quand tu auras fait sortir le peuple d'Égypte, vous servirez Dieu sur la montagne. » (Ex 3,12) Ici, l'expression « servir Dieu » pourrait être traduite par « vous travaillerez pour Dieu ». Elle fait d'abord entendre un déplacement d'autorité. De peuple asservi à Pharaon, Israël devient peuple du Seigneur. C'est aussi l'irruption d'une nouvelle forme de travail, car ici, l'expression « servir Dieu » désigne la liturgie. Ainsi, le signe de la libération de l'esclavage donné à Moïse est la promesse d'un peuple réuni pour la célébration du culte sur la montagne. Et de fait, le livre de l'Exode s'achève par la construction du premier sanctuaire qui rend possible la mise en route du culte (Ex 35-40). La liturgie est mémoire du salut, et donc aussi en creux celle de la servitude. Cette mémoire doit être un antidote à un retour à la servitude – ou à l'asservissement de l'autre, comme le rappelle un ensemble de loi. Elle est aussi un service de Dieu, une reconnaissance de l'autorité sous laquelle le peuple choisit de se mettre. Non pas un tyran humain, mais le roi du Ciel, le transcendant qui ne se laisse ni voir ni manipuler. Et la liturgie est la forme que prend le service de l'homme à l'égard de son Dieu-roi. Enfin, la liturgie est une limite mise au travail en tant qu'elle évite à celui-ci de se clore sur sa logique productiviste. Les offrandes végétales et animales tiennent une place importante dans la liturgie d'Israël. Ce sont les fruits de son travail que le peuple offre. Le rituel d'offrande des prémices de la récolte notamment (Dt 26,1-11) permet de raviver la conscience, au début de la saison de moissons, que tout ce que la terre produira est un don de Dieu, et par cette offrande, lui est symboliquement retourné. Récoltant le fruit de son travail, Israël doit le recevoir non comme son dû mais comme un don pour sa vie. La liturgie introduit donc dans le travail une dimension de dépossession et la reconnaissance d'une altérité. Les offrandes des récoltes, des animaux du troupeau sont une manière de donner au travail une orientation et une finalité autre que la production ou le commerce. Une part est offerte à l'Autre, elle doit l'être aussi au pauvre. Car Dieu est certes le premier destinataire des offrandes, mais les prophètes savent rappeler que celles-ci n'ont aucune valeur si elles ne sont pas accompagnées d'un partage avec le pauvre. Si l'ordre éthique n'est pas respecté, si la justice n'est pas pratiquée, si les biens ne sont pas équitablement répartis, alors, l'offrande liturgique n'a aucun sens, c'est une caricature.

Le livre de l'Exode mène donc une exploration de la condition du travailleur/serviteur qui consiste essentiellement à mettre des limites au risque d'un rapport au travail vécu sous la modalité de l'asservissement, de l'abus de pouvoir ou de la seule logique de possession. Le repos est à la fois la prise en compte de la finitude des êtres vivants et une limite mise à une production sans fin. L'existence humaine ne peut être tout entière enclose dans le travail et dans ses logiques possiblement dévorantes. La finale liturgique du livre manifeste d'abord un changement de maître, du pharaon despote au Dieu libérateur et transcendant. Elle inscrit aussi dans le travail une dimension de gratuité et de démaîtrise qui, là encore, prévient le risque de clôture.

Choisir qui l'on sert

Les Évangiles et en particulier celui de Matthieu poursuivent un propos qui relativise le travail. Il est tout à fait notable que Jésus ne développe pas d'enseignement sur le travail. Il évoque en revanche des situations de travail, en particulier dans les paraboles, comme on l'a vu plus haut. Ces paraboles s'offrent à l'auditeur comme une mise en question de sa pratique et comme un exercice de discernement. Et toujours, il s'agit de faire apparaître ce qui compte vraiment. Sans surprise, concernant le travail, la mise en question porte sur l'articulation particulière qui se noue entre pouvoir et richesse. La manière de travailler révèle quel maître sert le travailleur.

Cette articulation est très explicitement élaborée dans le discours sur la montagne. Je cite en entier ce texte bien connu : « Nul ne peut servir deux maîtres : ou bien il haïra l'un et aimera l'autre, ou bien il s'attachera à l'un et méprisera l'autre. Vous ne pouvez servir Dieu et l'Argent ^{25}Voilà pourquoi je vous dis : Ne vous inquiétez pas pour votre vie de ce que vous mangerez, ni pour votre corps de quoi vous le vêtirez. La vie n'est-elle pas plus que la nourriture, et le corps plus que le vêtement ? ^{26}Regardez les oiseaux du ciel : ils ne sèment ni ne moissonnent, ils n'amassent point dans des greniers ; et votre Père céleste les nourrit ! Ne valez-vous pas beaucoup plus qu'eux ? ^{27}Et qui d'entre vous peut, par son inquiétude, prolonger tant soit peu son existence ? ^{28}Et du vêtement, pourquoi vous inquiéter ? Observez les lis des champs, comme ils croissent : ils ne peinent ni ne filent, ^{29}et je vous le dis, Salomon lui-même, dans toute sa gloire, n'a jamais été vêtu comme l'un d'eux ! ^{30}Si Dieu habille ainsi l'herbe des champs, qui est là aujourd'hui et qui demain sera jetée au feu, ne fera-t-il pas bien plus pour vous, gens de peu de foi ! ^{31}Ne vous inquiétez donc pas, en disant : "Qu'allons-nous manger ? qu'allons-nous boire ? de quoi allons-nous nous vêtir ?" ^{32}– tout cela, les païens le recherchent sans répit –, il sait bien, votre Père céleste, que vous avez besoin de toutes ces choses. ^{33}Cherchez d'abord le Royaume et la justice de Dieu, et tout cela vous sera donné par surcroît. ^{34}Ne vous inquiétez donc pas pour le lendemain : le lendemain s'inquiétera de lui-même. À chaque jour suffit sa peine. » (Mt 6, 24-34)

Ce texte laisse d'abord entendre le rapport étroit entre le travail et la vie. Ce qui est en jeu ici ce sont les besoins primaires : nourriture, vêtements. Ces besoins ne sont pas niés, il ne s'agit pas de les prendre à la légère :« Il sait bien, votre Père céleste que vous avez besoin de toutes ces choses. » Mais la question est bien de savoir ce qui conduit la vie, ce qui en ordonne les valeurs, c'est-à-dire qui est le maître et ce à qui, ce à quoi l'existence de chacun obéit. L'alternative est claire, soit l'argent, soit Dieu. Choisir l'argent est la voix de l'esclavage. Un détail suggère dans le texte : « Tout cela, nourriture et vêtement, les païens le cherchent sans répit. » Le « sans répit » marque la condition de l'esclave, c'est-à-dire ici de l'esclave du maître argent toujours en quête d'un gain plus grand. Esclave des biens, celui qui a l'argent pour maître est aussi esclave du temps, il vit au futur, pour le lendemain, car demain – qui n'est pas encore là – est la promesse d'un gain supérieur. Demain vaut pour ce qu'il rapportera et qui occupe déjà tout l'aujourd'hui. Aussi, aujourd'hui en vient-il à valoir lui-même pour le gain de demain. Jésus casse cette logique d'accumulation et d'investissement sur l'avenir. Une fois encore, ce texte n'est pas un appel à un providentialisme naïf ou magique. Le travail est bien là, mais celui d'aujourd'hui : « Ne vous inquiétez pas pour le lendemain, à chaque jour suffit sa peine. » Aujourd'hui, comme la mesure de l'homme, aujourd'hui comme la présence offerte à notre présence, aujourd'hui aussi comme une limite à la tyrannie du temps qui s'accélère lorsque l'avenir devient monétisable.

Choisir Dieu comme maître modifie le rapport au monde parce qu'il dégage de l'avidité des biens comme de la peur de manquer. Il est intéressant de voir comment, par les comparaisons qu'il utilise, Jésus réinscrit ici la vie humaine dans l'ensemble du créé et de ses rythmes. Les modèles de la confiance en Dieu, c'est-à-dire d'une vie conduite sous son autorité, sont un végétal – le lys – et un animal – l'oiseau des champs. Le créateur a pourvu à leur vie, pourquoi en irait-il différemment pour l'être humain ? L'invitation n'est pas ici à cesser le travail, mais une fois encore, à le situer de façon juste. Ce qui compte, c'est l'orientation de l'existence, ce qui la guide et qui du coup, donne sa tonalité et sa qualité au travail. Que cherche celui qui travaille ? Vers quoi tend-t-il ? L'alternative est posée radicalement au début du texte – Dieu ou l'argent. Elle est reprise à la fin sous la forme d'une invitation : « Cherchez d'abord le Royaume et la justice de Dieu et tout vous sera donné par surcroît. » Avoir une vie orientée par le Royaume, nous voyons bien ce que cela veut dire, et en même temps pas trop bien sans doute. Ce que les Évangiles appellent « le Royaume » et qu'ils évoquent par des paraboles variées relève du mystère de Dieu. Le Royaume vient, mais aussi il est là, et encore il échappe. Chercher le Royaume engage donc à vivre sur le qui vive, si je puis dire. Il invite à un style de vie où la contemplation du monde, la recherche de Dieu dans le monde, le discernement sont des alliés indispensables. Un aspect de ce Royaume est particulièrement mis en évidence : « sa justice ». Nous retrouvons ici ce que nous disions au début à propos de l'Adam dans le jardin : le travail, ou plutôt la condition laborieuse de l'homme se déroule sous un ordre éthique qu'il convient de respecter. Or, Matthieu ne nous laisse pas ignorant de ce qu'est l'éthique du Royaume. Presque à la fin de son Évangile, une autre série de paraboles du Royaume en traite explicitement : la parabole des talents, celles des ouvriers de la dernière heure (Mt 20,1-16), du débiteur impitoyable (Mt 18,23-35), des talents (Mt 25,14-30), etc. Dans toute ces paraboles, le rapport à l'argent, ce maître fallacieux, est travaillé par la mise en scène de logiques qui nous prennent à contre-pied. Le maître y revendique de mettre en œuvre une éthique qui déplace notre intelligence spontanée de la justice, de l'équité, du rapport entre la peine endurée et le salaire. Ces paraboles ne constituent pas, bien sûr, un modèle économique. Elles nous invitent plutôt à nous décaler pour regarder autrement notre travail personnel, nos organisations collectives. Elles ouvrent un écart qui invite à la mise en question, à la créativité, à l'audace pour transformer nos pratiques, imaginer d'autres organisations orientées par la quête du Royaume et de sa justice. Ce Royaume relève du mystère, il nous échappe, je l'ai dit. Mais il est indissociable de la perspective d'une terre qui fructifie, de biens offerts en partage à tous et d'une communauté humaine qui habite le monde dans la paix et la justice. Nous en entendons l'urgence.

Fil rouge spirituel

ALICE LE MOAL

FR. JACQUES-BENOÎT RAUSCHER

Nous vous proposons de prendre le temps de réfléchir au sens que vous donnez à votre travail actuel ou passé, sous toutes ses formes. Nous allons pour cela partager avec vous des citations provenant de membres du réseau Saint-Laurent, proche du Secours catholique, des personnes connaissant la précarité ou la grande pauvreté et partageant une spiritualité chrétienne.

PAROLES DE MEMBRES DU RÉSEAU SAINT-LAURENT, SUR LE TRAVAIL

« J'ai adoré travailler mais j'ai perdu mon emploi à cause de problèmes de santé. Maintenant je suis malheureuse parce que je ne peux plus retravailler. Heureusement que j'ai mon bénévolat. J'ai fait une grosse dépression. Je me plaisais dans mon travail malgré que c'était un travail d'homme. »

« Le travail, c'est une richesse. J'étais à la maison avec mes enfants et je n'avais pas la possibilité de travailler parce que mon mari n'acceptait pas. Le jour où j'ai connu le travail, j'ai aimé la vie et je me suis ouverte à tout le monde. (…) Et j'ai comme un déclic en ce moment : je voudrais bien retravailler pour construire un monde relationnel. »

« On oppose souvent travailler et élever les enfants. Pour moi le plus beau travail, en tant que femme, c'est d'avoir eu mes enfants et de m'en être occupé. On fait grandir nos enfants, on veille à leurs études, on veille sur eux. Et quand on ne peut pas le faire, c'est une grande souffrance pour une maman. Quand une femme accouche, on dit que le travail commence. C'est le même mot. C'est pour bâtir une belle famille qui s'entend bien. »

« Travailler, c'est être utile aux autres et à soi- même aussi. On se lève le matin avec un but, une activité à faire et on peut être utile à quelqu'un d'autre. Une personne qui peut travailler en usine, le résultat de son travail est utile. Travailler, ça donne un but à la vie. Ça m'est arrivé, des périodes de chômage. Heureusement j'ai eu des associations pour m'occuper à ces périodes-là, parce qu'on se sent inutile. »

« Pour moi, la dignité, c'est se sentir soi-même comme une personne importante et enfin dire aux gens : « J'ai un travail ! » Ce n'est pas toujours facile de dire : « Ben oui, mais j'ai le RSA et j'ai que ci, j'ai que ça ! » De quoi tu vis alors ? J'ai mis le temps, mais enfin je l'ai ce travail et c'est vrai qu'on a le sourire, on se sent comme tout le monde. »

« Je suis une ancienne jociste, et on disait toujours : un travailleur vaut tout l'or du monde, parce qu'il contribue à faire fonctionner cette planète par son travail. Et ça, je crois que beaucoup l'ont oublié. Il y a tant de souffrance chez les chômeurs, il faudrait leur redonner le goût d'être respectés, debout, reconnus. Même s'il est au chômage, c'est un homme. »

BÂTIR UNE CATHÉDRALE

En se rendant à Chartres, Charles Péguy aperçoit sur le bord de la route un homme qui casse des cailloux à grands coups de maillet.

Les gestes de l'homme sont empreints de rage, sa mine est sombre. Intrigué, Péguy s'arrête et demande :– « Que faites vous, Monsieur ? »

« Vous voyez bien », lui répond l'homme, « je casse des pierres. »

Malheureux, le pauvre homme ajoute d'un ton amer :« J'ai mal au dos, j'ai soif, j'ai faim. Mais je n'ai trouvé que ce travail pénible et stupide. »

Un peu plus loin sur le chemin, notre voyageur aperçoit un autre homme qui casse lui aussi des cailloux. Mais son attitude semble un peu différente. Son visage est plus serein et ses gestes plus harmonieux.– « Que faites vous, Monsieur ? », questionne une nouvelle fois Péguy.

« Je suis casseur de pierres. C'est un travail dur, vous savez, mais il me permet de nourrir ma femme et mes enfants. » Reprenant son souffle, il esquisse un léger sourire et ajoute :– « Et puis allons bon, je suis au grand air, il y a sans doute des situations pires que la mienne. »

Plus loin, notre homme rencontre un troisième casseur de pierres. Son attitude est totalement différente. Il affiche un franc sourire et il abat sa masse, avec enthousiasme, sur le tas de pierres. Pareille ardeur est belle à voir.

« Que faites-vous ? » demande Péguy.

« Moi, répond l'homme, je bâtis une cathédrale ! »

Le sens de notre travail

Les intervenants invitent les participants à prendre un temps de réflexion sur trois questions :
- Et vous, quelle cathédrale contribuez-vous à bâtir ?
- Quel sens donnez-vous à votre travail, qu'il soit salarié ou non, ou domestique ?
- Qu'est-ce qui vous rend fier ?

En quête de dignité, de sens et de reconnaissance

Paris, 23 novembre 2024

Travail invisible ... et pourtant vital

EMILIA NALY
SOPHIE RIGARD
DANIEL VERGER

DANIEL VERGER[1] : Nous avons vu comment la Bible aborde l'enjeu du travail, comme cela peut être fécond mais dépend de ce que l'homme en fait. On peut ne pas avoir de travail, en avoir un mais qui n'est pas reconnu ou encore être en plein travail, mais hors emploi. C'est à partir du vécu des gens et des réalités du travail que nous allons poursuivre la réflexion. Nous réalisons tous du travail, rémunéré ou pas, reconnu ou pas, mais il est vital pour la société. Il est essentiel d'être reconnu pour ce que l'on fait et cela ne va pas forcément de soi. C'est en cela qu'on le dit invisible. Ne serait-ce pas nous qui ne voyons pas ce travail très visible mais que nous ne regardons pas ? Nous allons essayer d'affiner ce regard.

Si l'on pense à tout le travail que nous accomplissons au quotidien et qui a du sens, visible ou non, reconnu ou non, nous pouvons constater que nous avons beaucoup de choses à raconter. Nous faisons tous beaucoup de choses hors emploi, contribuant ainsi à l'entraide. Nous le faisons parce que c'est nécessaire, que c'est ainsi qu'un groupe fonctionne et vit. Comment faire reconnaître ces activités ? C'est très bien la gratuité, mais comment fait-on pour que les personnes qui n'ont pas un travail rémunéré soient reconnues dans la société ? Comment fonder une reconnaissance des activités, des compétences, de tout ce qui fait tenir la société ? Il faut aussi reconnaître notre interdépendance, nous avons besoin les uns des autres.

Avec d'autres associations, les fédérations, les centres sociaux, les accorderies, nous avons mené une réflexion au long cours au Secours catholique sur la protection

---

[1] Daniel Verger est responsable de l'Accès au travail, au revenu et aux prestations sociales au Secours catholique.

sociale en partenariat avec Aequitaz. Comment vivre une protection sociale meilleure, plus douce et solidaire ? Nous sommes partis des expériences de vie des personnes exclues du marché de l'emploi et nous avons mené une démarche en « carrefour des savoirs ». Cela consiste à produire des savoirs nouveaux en faisant se rencontrer le « savoir des gens » (qui viennent de la vie, de l'expérience vécue et de sa compréhension subjective, des engagements militants) et les « savoirs savants » (issus de la réflexion académique). Nous avons travaillé sur la façon dont on aborde les activités importantes mais non reconnues, réalisées hors emploi, mais essentielles. Si elles étaient comptabilisées, elles feraient augmenter le PIB très significativement. Or le travail-emploi est le pilier central de notre société, la clé de voûte de notre système de protection sociale. Comment manifester de la reconnaissance alors que, dans la réalité, les personnes sans emploi sont stigmatisées : ce serait des « assistés », des « inactifs, des « profiteurs » qu'il faudrait « activer » et remobiliser. Comment penser d'autres aspects qui font tenir la société ?

EMILIA NALY[1] : Je vais partager un peu le quotidien du groupe de Lyon de la mobilisation citoyenne. Malgré l'importance de ce que nous réalisons au quotidien, nous vivons de nombreuses injustices. Nous nous sentons stigmatisés, le regard des autres est souvent dur. Cela provoque du stress pour toute la famille, alors que nous apportons de l'aide à nos familles. Nous avons mis en avant le manque d'argent et la pression de tout ce qu'il y a à faire et de l'urgence de l'aide à apporter aux autres parce que nous dépendons tous les uns des autres. Par exemple, durant le Covid, les gens se sont entraidés dans notre quartier, des jeunes ont apporté des repas aux plus âgés. Au Secours catholique, Marie-Jeanne, Sonia et beaucoup d'autres de notre groupe ont aidé des personnes. On n'a pas compté, il fallait simplement s'entraider. Mais on n'a pas beaucoup été reconnues et remerciées pour cela. Le regard continue d'être dur. Quand on est pauvre, on s'entraide sans appui de l'administration. A contrario, quand on a des revenus suffisants pour payer des impôts sur le revenu, on est aidé quand on contribue. Nous avons fait un inventaire des activités vitales et utiles que nous réalisons en regardant dans nos agendas. Ces activités témoignent du fait que nous sommes dans la prise en charge des besoins, dans le soin des autres. Prendre soin de soi, des autres, de sa famille, des voisins est très important. Ce sont souvent des femmes qui le font hors du temps rémunéré. Nous nous organisons pour le faire sans que personne ne nous le demande, mais parce que c'est nécessaire. Cela fait tenir une famille, un quartier. Au Secours catholique, il y a plus de femmes que d'hommes dans le groupe. Nous sommes davantage pénalisées. Nous sommes en charge de la famille et nous avons beaucoup d'empathie, ce qui nous amène à faire des choses, à aider les autres, mais cela reste un travail non reconnu et non rémunéré.

---

[1]   Emilia Naly est bénévole au Secours catholique.

SOPHIE RIGARD[1] : Notre travail a consisté à plonger dans ce « boulot de dingue »[2] au cœur de toutes ces activités utiles et vitales pour la société. Nous avons pris conscience que ces activités pouvaient aussi être réalisées dans l'emploi et qu'une même activité vitale pouvait être réalisée sous différents statuts. C'est le cas du travail domestique, du travail des dons, de l'entretien des espaces verts. Ce qui se passe dans le hors emploi nous amène nécessairement à parler aussi des turpitudes du monde du travail-emploi et de la perte de sens. Ce rapport nous invite à changer de perspective et à regarder le caractère essentiel d'une activité, qu'elle soit réalisée dans le cadre d'un emploi ou hors emploi. Nous avons trois prismes pour l'observer. Le premier concerne la rémunération : est-on rémunéré ou pas pour réaliser cette activité ? Le deuxième prisme est relatif à l'utilité : à quoi sert-elle pour soi, les autres, la société ? Le troisième élément fondamental est la question du choix : réaliser cette activité est-il choisi ou contraint ? Quelqu'un en tire-t-il profit du fait qu'elle est réalisée gratuitement ? Dans le groupe constitué au Carrefour des savoirs, Étienne raconte avoir choisi d'être aidant de sa grand-mère, une autre personne s'est arrêtée de travailler plusieurs années pour s'occuper de ses enfants. C'est un choix dont ils ont payé les conséquences : petite retraite, RSA, soit au-dessous du seuil de pauvreté. Parfois on n'a pas le choix, comme Germaine qui s'occupe de son mari malade. Cela lui pèse mais elle n'a pas les moyens de faire appel à une aidante.

La question est de savoir comment favoriser les activités utiles et vitales hors emploi, des activités porteuses de sens, parfois plus que dans le travail rémunéré, en préservant le choix des personnes tout en sécurisant les conditions de vie. Il n'est pas acceptable que ces activités essentielles à la société soient réalisées dans des conditions de pauvreté indignes de notre pays. Quand on parle de sécuriser, on parle de revenir aux fondamentaux de la protection sociale détaillée dans l'ordonnance de 1945 qui dit : « Le but final est la réalisation d'un plan qui couvre l'ensemble de la population du pays contre l'ensemble des facteurs d'insécurité. » Ce travail a donc interrogé notre modèle de protection sociale, c'est-à-dire que le travail-emploi n'est pas le tout de la vie humaine. Il a également interrogé notre système économique. Il faut penser autrement l'emploi en se réappropriant la notion d'utilité, avec l'enjeu démocratique de déterminer qui définit l'utilité. Les activités essentielles et vitales devraient être mieux valorisées dans notre société.

Quant au travail-emploi, oui, mais pas à n'importe quel prix. Certaines personnes aujourd'hui exclues de l'emploi vivent certes dans la pauvreté, mais en réalisant des choses qui ont du sens parce qu'elles pratiquent l'entraide. Elles aimeraient être sécurisées, mais retourner à un emploi qui ne fait pas sens leur poserait

---

[1]   Sophie Rigard est chargée de projet Action et plaidoyer – Accès digne aux revenus au Secours catholique.

[2]   « Un boulot de dingue, reconnaître les contributions vitales à la société », rapport du Secours catholique publié en septembre 2023 - https://www.secours-catholique.org/sites/default/files/03-Documents/Boulot%20Dingue-RAP23%20%281%29.pdf

problème. C'est important que la reconnaissance des activités hors emploi contribue à répondre aux défis actuels du monde du travail. Comment ne pas être tiraillé entre aider quelqu'un qui en a besoin, prendre du temps avec ses enfants et devoir occuper un emploi – seule source de revenus aujourd'hui ? Il existe des pistes pour agir dès maintenant pour la reconnaissance des contributions essentielles à la société des personnes exclues du monde du travail.

Des pistes pour agir

• La garantie d'un revenu minimum décent. Le RSA à 607 € est à un niveau trop bas quand le seuil de pauvreté est à 1 200 €, ce qui est inacceptable. Un revenu minimum décent permettrait de ne pas avoir à consacrer une grande partie du temps à se battre pour survivre et reconnaîtrait que ces gens ne sont pas inactifs.

• La reconnaissance par l'attribution de trimestres de retraite supplémentaires, ce qui existe déjà quand on met au monde des enfants.

• la prise en charge des frais et des risques. Les bénévoles du Secours catholique qui sont au RSA ont des frais de déplacement qu'ils ne peuvent pas défiscaliser car ils ne sont pas imposables. Il faudrait accorder un crédit d'impôt. Concernant les risques, si on est couvert dans son activité bénévole, les aidants sans statut ne sont pas assurés.

• La reconnaissance symbolique, enjeu de visibilité sociale. Les personnes veulent avant tout ne pas être stigmatisées, ne pas être traitées de fainéants et de profiteurs qui ne veulent pas travailler.

• La rétribution financière, notamment pour expertise. Par exemple pour des personnes ayant l'expérience de la précarité qui interviennent au Conseil national de lutte contre l'exclusion (CNLE). Cette question s'est posée dans le Carrefour des savoirs où se retrouvaient des salariés du Secours catholique qui étaient rémunérés et des personnes ayant eu l'expérience de la pauvreté qui ne l'étaient pas.

• La valorisation des compétences et droits à la formation.

Quelques points de vigilance

• L'obligation à contribuer, comme ces 15 heures d'activité obligatoire pour les personnes au RSA, à laquelle nous sommes fermement opposés. Elles nous disent : « Laissez nous libres de contribuer et nous contribuerons. » Certaines traversent des moments trop difficiles ou ne sont pas en état de contribuer. D'autres ont des contributions utiles à la société, pas forcément pour leur employabilité. Si on comptabilise – ce que fait la loi Plein emploi – et hiérarchise les activités, on tombe dans un néolibéralisme peu efficace.

• La dévalorisation des métiers du *care*. Quand les activités du soin se font hors cadre professionnel, on peut se demander pourquoi on paierait des gens pour le faire. Ces activités essentielles doivent être valorisées, que ce soit dans ou hors emploi.

Notre rapport est un appel à poursuivre ces réflexions. C'est un appel à :

- alimenter le débat public sur la place des personnes hors emploi dans notre modèle de protection sociale ;
- ce que cessent le mépris et la stigmatisation envers les personnes exclues du monde du travail ;
- ce que progressent les droits et les reconnaissances pour ces personnes ;
- ce qu'émergent des expérimentations de nouveaux modes de reconnaissance ;
- ce que les premiers concernés continuent de se faire entendre.

Débat

TABLE DES QUESTIONS : *Ne croyez-vous qu'une contrepartie au RSA va dans le sens de la dignité des personnes puisqu'alors elles ne sont plus des assistées ?*

DANIEL VERGER : Une des grandes leçons de la réflexion que nous avons eue sur la protection sociale est que les personnes ont besoin de se sentir protégées. Elles veulent contribuer à la société et le font, mais cela doit être reconnu. La contribution doit être favorisée et encouragée, accompagnée parfois, mais la solidarité est le fondement de notre société. Nous devons être suffisamment solidaires pour que soit reconnu comme un droit fondamental, inaliénable, le fait d'être aidé suffisamment pour vivre. Cela ne signifie pas vivre dans le confort, mais ne pas vivre dans la misère, pouvoir donner à manger à ses enfants. Dans un cercle de confiance, on contribue. C'est ce que nous faisons au Secours catholique.

– La demande de contrepartie ne permet-elle pas d'éviter la fraude sociale et le travail au noir ?

DANIEL VERGER : La fraude sociale est une question qui revient souvent et a son importance car une protection sociale pour tous est une protection qui fonctionne, où chacun est contributeur autant que possible – pas toujours monétairement. C'est un trésor commun, notre solidarité commune, qu'il faut faire vivre. C'est la raison pour laquelle elle est pensée pour équilibrer les recettes et les dépenses. Sur les 800 milliards de la protection sociale, certaines branches sont bénéficiaires, d'autres déficitaires, mais on est à peu près à l'équilibre. Il faut évidemment des contrôles, mais la plus grande fraude est la fraude fiscale. La fraude sociale ne représente que 10 % de la fraude fiscale, essentiellement sur les cotisations sociales, c'est-à-dire de la part de professionnels. Ne perdons pas le sens des proportions.

SOPHIE RIGARD : Le fait d'avoir des minima sociaux trop bas favorise le travail au noir, les augmenter le réduirait. Concernant l'obligation d'heures de travail, cela peut fonctionner si l'accompagnement est de qualité, avec un lien de confiance qui s'établit. Mais être obligé de justifier de 15 heures d'activités avec une menace de sanctions ne favorise pas un accompagnement efficace et bienveillant. L'allocataire a le devoir d'être dans une logique d'insertion sociale et professionnelle, mais l'administration a le devoir d'accompagner et je doute que l'obligation amène à une relation humaine bienveillante.

– Quel est le système économique qui permet de financer les salaires de tous ces invisibles que vous voulez rémunérer, qu'il soient professionnels ou bénévoles ?

DANIEL VERGER : La reconnaissance ne passe pas que par le financement. Trouver les bons moyens d'être dans la reconnaissance de ce que nous faisons aussi hors emploi est un enjeu collectif. On peut avoir une société où on se respecte les uns les autres, où on met moins la pression négative sur les plus pauvres, où on est solidaire. La reconnaissance symbolique est très importante. Il y a aussi des formes de garantie d'emploi, comme l'invente le dispositif Territoire zéro chômeur de longue durée, où le travail s'adapte à la personne et pas l'inverse. Il y a aussi les systèmes d'entraide comme les Accorderies où la reconnaissance est accordée au temps, pas à l'argent. Creusons ensemble de nouvelles pistes.

Vivre décemment de son travail

SOPHIE BOISSARD
LAURENT GRANDGUILLAUME

LAURENT GRANDGUILLAUME[1] : L'association Territoire zéro chômeur longue durée est une expérimentation sociale, née dans la société civile en lien avec plusieurs associations dont ATD-Quart monde, le Secours catholique, le pacte civique, Emmaüs France, la Fédération des acteurs de la solidarité. L'idée est simple : partant du constat qu'il y a un coût du chômage supporté par les pouvoirs publics, on peut mobiliser ce coût pour financer une part d'emplois nouveaux dans les territoires, en proposant des activités qui n'entrent pas en concurrence avec qui que ce soit. Ce projet repose sur la conviction que les différents acteurs d'un territoire – élus, maires, associations, entreprises, artisans, personnes durablement privées d'emploi – peuvent se réunir et travailler ensemble pour définir ce qui manque sur leur territoire. La question s'est posée en particulier pendant la crise sanitaire. Il manquait des services et des commerces de proximité, des soins aux personnes, ainsi que des activités de transition écologique pour prendre soin du territoire. L'expérimentation a cependant été développée avant le Covid et était en gestation dans certains territoires.

Quand j'étais député, nous avons voté à l'unanimité, en 2016, une loi autorisant l'expérimentation dans dix premiers territoires. Avant la loi, certains se préparaient déjà par une mobilisation de la société civile. Nous avons lancé concrètement cette expérimentation en 2017 dans dix territoires ruraux, périurbains et urbains en France, à Jouques dans les Bouches-du-Rhône, Mauléon dans les Deux-Sèvres, Pipriac en Ille-et-Vilaine, Paris dans le 13e, Colombey-Les-Belles en Meurthe-et-Moselle, à Thiers dans le Puy-de-Dôme, Colombelles dans le Calvados, Villeurbanne dans le

---

[1] Laurent Grandguillaume est président de Territoire zéro chômeur de longue durée.

Rhône, Prémery dans la Nièvre, Tourcoing et Loos-Lez-Lille dans le Nord, des lieux très divers. En 2020, une deuxième loi a étendu le projet à 50 nouveaux territoires minimum. Aujourd'hui, 80 territoires expérimentent le projet en métropole et dans les territoires ultra-marins.Il y en aura 90 d'ici la fin de l'année. Le projet se déroule désormais dans d'autres pays européens.

Catherine Escrive[1] : Pourquoi ça marche ? Quelle est la recette ?

Laurent Grandguillaume : La première clé est la coopération. On se met autour de la table dans un petit territoire, entre 5 et 10 000 habitants, le quartier d'une grande ville, plusieurs communes rurales, une communauté de communes, un pays parfois. Tout le monde est sur un pied d'égalité, y compris les personnes privées d'emploi à qui on demande ce qu'elles ont fait, ce qu'elles veulent faire. On recherche la totalité des personnes privées d'emploi dans ce territoire en faisant du porte-à-porte avec des bénévoles pour les identifier. En effet, les statistiques du chômage ne prennent pas en compte les personnes dites « invisibles », terme que je conteste et que j'ai bien du mal à comprendre. Je vois plutôt des « ignorés », des personnes qui ne sont pas prises en compte, sans volonté de leur part. Au final, 30 % des personnes que nous identifions ne sont pas inscrites à France travail, ni au RSA, ne figurent dans aucune statistique et ne sont donc pas accompagnées.

Catherine Escrive : Comment cela s'explique-t-il ?

Laurent Grandguillaume : Elles sont certes en chômage longue durée, mais il existe un tabou en France concernant le travail informel. Ces personnes survivent par le travail informel, des activités dans certains secteurs bien connus où elles ne sont pas toujours déclarées. Prenons l'exemple, dans la Nièvre, près de Prémery, d'un territoire désindustrialisé depuis le début des années 2000 avec la fermeture de Lambiotte qui a licencié plus de 200 salariés. Nous avons embauché une vingtaine de personnes qui travaillaient dans les forêts du Morvan sans être déclarées, en développant une activité bois avec le Secours catholique. Ce bois est vendu à un tarif social dans le département. Ces personnes payent maintenant des cotisations sociales, se soignent, ont une vie sociale et une reconnaissance dans leur travail. Elles ont une relation contractuelle qui leur ouvre des droits sociaux qu'elles n'avaient pas jusqu'alors. Le recensement exhaustif est donc un point essentiel, c'est la boussole du projet, sans laquelle il n'aurait pas lieu d'être.

Un autre facteur de réussite est de réfléchir à ce qui peut être développé dans le territoire. Près de 40 % des activités développées dans chacun des territoires concernent la transition écologique. C'est un domaine dans lequel il est nécessaire d'amorcer la pompe, car ces activités sont encore insuffisamment reconnues par le secteur marchand. Par exemple, nous avons développé une filière avec Saint-Gobain : dans une partie des 80 territoires, nous recyclons le verre des fenêtres dans le cycle amont de

---

[1] Catherine Escrive est journaliste, cheffe de rubrique Culture au Pèlerin.

Saint-Gobain. Aujourd'hui, quand on démonte des fenêtres lors de déconstructions, on les enterre dans les sols, laissant aux générations futures le soin de gérer ce problème. Nous les récupérons, recyclons le bois et le PVC et livrons le verre à Saint-Gobain. Ce type d'exemple concret, développé avec les personnes réunies autour de la table, nécessite un travail de repérage local très fin. Et cela fonctionne.

En tant qu'ancien élu, je vois bien jusqu'où les discours peuvent parfois mener. Il faut cesser de penser que le chômage ne ressort que d'une responsabilité individuelle, qu'il suffit de traverser la rue. La question de la privation d'emploi relève d'une responsabilité collective, mais pas uniquement de l'État. Il ne suffit pas de mettre en place un dispositif descendant pour résoudre un problème, c'est-à-dire par nature une norme qui ne prend pas en compte l'humain. On peut constater que depuis 40 ans, la norme n'a pas produit d'effets suffisants puisque des personnes sont durablement privées d'emploi. Depuis cinq ans en moyenne pour celles que nous suivons. Certaines signent pour la première fois de leur vie un CDI et gagnent un SMIC à 50 ans. Je trouve cela inadmissible, injuste et anormal. Il nous revient collectivement d'assumer notre part de responsabilité et de redonner de la dignité par l'accompagnement. Nous avons donc une part de la solution, entreprises, acteurs publics, associations, partenaires sociaux, bénévoles. Tous ces acteurs réunis peuvent contribuer à élaborer une solution ensemble. L'État n'est pas seul responsable de cette question, contrairement à ce qu'on peut généralement penser dans notre pays.

Catherine Escrive : Vous avez été engagé en politique au parti socialiste jusqu'en 2017. Avez-vous pris conscience à un certain moment que les leviers politiques étaient insuffisants, suscitant l'envie d'agir autrement ?

Laurent Grandguillaume : J'ai été élu local puis national, en sachant que je ferais cela un temps. J'avais envie de revenir à la vie professionnelle, ce qui m'a permis de ne pas dépendre de la politique et d'avoir une parole plus libre. Je ne suis plus membre d'un parti aujourd'hui, mais je garde des convictions profondes. La liberté a un coût, mais elle n'a pas de prix. Il faut des élus pour agir, mais il faut une liberté. J'ai eu le sentiment à l'époque qu'il n'y avait plus de réflexion de fond. On s'intéresse à ce que sont les élus, mais de moins en moins à ce qu'ils font. Il vaut mieux faire un tweet ou un Tiktok pour être connu que d'agir dans son territoire à l'ombre des lumières, sans savoir quelle récompense nous réserve l'univers profond.

Pourquoi les personnes sont-elle privées durablement d'emploi ? Il faut s'interroger sur les causes et pas seulement sur les conséquences. Il y a des problèmes de mobilité, de garde d'enfants. Comment gérer les horaires des écoles, du travail, des transports ? Dans Territoire zéro chômeur, nous avons des emplois en CDI à temps choisi, deux jours par semaine ou le matin, etc. Selon des études de la Fondation Cognac-Jay, publiées en 2021, un Français sur cinq est un aidant familial, d'un parent ou d'un enfant. Comment prendre en compte cette réalité ?

Catherine Escrive : Ce thème renvoie à la question du mode de vie, de l'équilibre vie familiale/vie professionnelle.

Laurent Grandguillaume : Mais aussi à l'utilité de ce que je produis, à quoi cela sert, à quoi et à qui cela répond. Je parle du droit au travail, car le travail n'est pas que l'emploi au sens du salariat. Certains qui ont choisi d'être indépendants peuvent en être heureux ou malheureux, de même que les salariés, ou même des personnes qui travaillent dans l'associatif ou l'économie sociale et solidaire. Il n'y a pas de modèle idyllique. Il y a plusieurs voies possibles pour être heureux et retrouver un sens dans le travail, encore faut-il pouvoir interroger toutes ces questions dans des organisations qui l'acceptent. Nous sommes dans une économie où l'immédiateté et le court-terme gouvernent, dans laquelle il faut réaliser des économies pour pouvoir investir. Comment adapter ces organisations à la réalité humaine ? Nous avons une polarisation du marché du travail avec des personnes qui bénéficient de toutes les dynamiques du travail grâce à leurs compétences, leurs diplômes, la mobilité, la possibilité de télétravailler et d'autres de plus en plus exclues du travail qui n'ont aucun de ces choix possibles. Comment réunit-on ces mondes ? Comment arrêter de les séparer et recréer du lien ? C'est un bel enjeu que nous pouvons poursuivre collectivement.

Sophie Boissard[1] : Je vais prendre volontiers le relais de ce qui vient d'être dit. Quelques mots tout d'abord sur le groupe Clariane, qui n'est pas une entreprise comme les autres puisqu'elle est active dans les métiers du soin et de l'accompagnement des fragilités. Que signifie pour une entreprise comme la nôtre la question de la capacité à vivre décemment de son travail ? C'est une question qui est omniprésente pour moi depuis neuf ans que je dirige cette entreprise. Ma conviction, c'est que la reconnaissance, la considération sont des dimensions clés. Nos métiers sont des métiers de vocation, des métiers utiles par nature, mais ce sont aussi des métiers qui sont perçus dans l'opinion publique comme des métiers d' « intouchables », des métiers que le plus grand nombre n'aimerait pas faire, car ils renvoient à la maladie, à la dépendance, à la mort. Et les mots comptent : quand les médias parlent des invisibles à propos des infirmiers, aides-soignants, auxiliaires de vie, même si c'est a priori avec de bonnes intentions, cela peut cacher aussi une forme de manque de considération.

La question fondamentale du travail décent, c'est bien, au-delà des conditions matérielles, celle de la dignité et de la considération que reçoivent les professionnels. Chez Clariane, nous avons fait de la considération vis-à-vis des patients comme des collaborateurs le premier engagement de notre entreprise à mission. Cela passe par l'investissement dans la santé au travail, dans les compétences et dans la promotion par la formation professionnelle. En 2017, nous n'avions en France qu'une centaine

---

[1] Sophie Boissard est directrice générale du groupe Clariane.

de salariés en alternance ou dans des parcours de validation des acquis d'expérience. Nous nous sommes fixés comme objectif d'atteindre une proportion d'au moins 10 % de nos collaborateurs engagés dans des parcours de formation diplômants. Nous avons créé une université et construit nos propres centres de formation en alternance, en nouant des partenariats avec des écoles d'aides-soignants et d'infirmiers dans toute la France, de façon à avoir des classes partout. Nous avons aussi construit des partenariats avec des universités. Aujourd'hui 3 000 de nos 26 000 collaborateurs sont engagés dans une formation diplômante. Cela va du diplôme d'aide-soignant ou de cuisinier jusqu'à des diplômes universitaires de spécialités pour les médecins ou les infirmiers.

Nos efforts commencent à porter leurs fruits : un immense souffle d'espoir, de reconnaissance et de considération. D'ailleurs, nous organisons chaque année, depuis 7 ans, une cérémonie pour honorer les diplômés de l'année. C'est chaque fois l'occasion de rencontrer des personnes exceptionnelles dont le parcours force l'admiration. Certains de nos collaborateurs ont eu des parcours de migration récents qui les ont conduits à devoir tout recommencer. J'ai en tête l'exemple d'une femme qui était sage-femme en Côte d'Ivoire qui n'a pas pu faire reconnaître ses qualifications quand elle est arrivée en France et a donc commencé en France comme auxiliaire de vie. Grâce à l'Université Clariane, elle a pu s'inscrire en institut de formation en soins infirmiers, a réussi sa première année avec un parcours accéléré de deux mois. Elle va donc pouvoir retrouver à 50 ans le niveau d'exercice professionnel qu'elle avait dans son pays. J'ai aussi en tête le cas d'une collaboratrice qui a décidé d'entreprendre des études d'aide-soignante à 55 ans. Sa principale motivation est une forme d'émancipation par le diplôme. Elle sait qu'une fois diplômée, elle sera considérée différemment par sa famille, par ses collègues.

Ces exemples sont autant de raisons d'agir ! En particulier dans les métiers du soin et des services de santé qui sont des métiers en fort développement et qui se prêtent particulièrement bien à la promotion par la formation.

Vivre décemment de son travail, c'est d'abord pouvoir être fier de son activité, de sa contribution. C'est pour cela que nous avons travaillé avec nos collaborateurs, avec les représentants du personnel ; et nous avons abouti à une définition partagée de notre mission qui est de prendre soin de l'humanité de chacun dans les moments de fragilité.

Bien sûr la qualité de la gouvernance joue un rôle essentiel. Vivre décemment de son travail, c'est avoir un travail utile et voir sa contribution reconnue ; c'est aussi avoir voix au chapitre, pouvoir participer, au sens de la doctrine sociale de l'Église. C'est là qu'entre en jeu le dialogue social, qui suppose d'avoir les bonnes instances aux différents niveaux de l'entreprise et une culture qui favorise les échanges et la compréhension partagée des grandes orientations de l'entreprise, de ses enjeux. Autrement dit, vivre décemment de son travail, c'est pouvoir disposer de revenus suffisants par son activité, mais surtout exercer une activité qui a du sens, dans laquelle je suis reconnu, où je peux me développer et où je peux avoir mon mot à dire en tant que personne.

LAURENT GRANDGUILLAUME : Sur les métiers en général qui visent à prendre soin des autres, nous voyons que, parmi les personnes privées durablement d'emploi, elles interviennent souvent en soutien d'un proche, sauf quand elles sont isolées. Elles acquièrent donc des compétences dans leur vécu qui peuvent être valorisées. Elles disent, sauf problèmes de santé, qu'elles ont envie de faire un métier de soin. Il y a donc des parcours à construire, des passerelles à établir entre les entreprises à but d'emploi[1] et celles qui ont besoin de recruter dans ces services du soin aux autres.

SOPHIE BOISSARD : Il faut en particulier rendre possibles ces reconversions en travaillant à la bonne échelle. Nous l'avons expérimenté avec Monoprix et Derichebourg. Ces entreprises savaient qu'elles auraient besoin de moins d'hôtes de caisse pour Monoprix et, pour Derichebourg, que les chantiers de propreté dans certaines zones géographiques étaient en recul après le Covid. Elles ont eu l'intelligence de construire avec nous un système permettant d'éviter un plan social et des licenciements. En 2021, nous avons proposé à des salariés volontaires d'entamer des formations d'aides-soignants dans le cadre d'une formation en alternance « pour adultes » en conservant leur CDI et leur ancienneté. Nous avons créé des postes de compagnons pour les accompagner dans ce parcours car ce n'est pas vraiment simple. Ils ont aujourd'hui leur diplôme d'aide soignant et c'est une reconversion réussie. Nous l'avons fait pour une première cohorte d'une cinquantaine de personnes. Il faudrait le développer à une échelle de 10, 100 ou 1 000 fois. La bonne nouvelle est que cela fonctionne.

CATHERINE ESCRIVE : Comment expliquez-vous que le sens du travail soit aujourd'hui à ce point questionné ? Qu'est-ce que cela nous dit du fossé entre générations, des différences de vision entre les milieux socioprofessionnels ?

LAURENT GRANDGUILLAUME : Le travail n'est pas une marchandise. Nous avons oublié que, dans le travail, il y a un imaginaire. Je pense que, parmi nous, personne n'a rêvé de norme. Derrière l'imaginaire, il y a la transmission et derrière le travail, il y a des solidarités organiques, dans les territoires, dans la famille, parfois même dans la religion. Les territoires sont plus ou moins marqués par une culture, avec certaines activités qui se sont transmises de génération en génération, donnant du sens au travail. Avec l'affaissement des solidarités organiques, le sens est perdu, de même que la transmission. Je prendrai un exemple : il existe, près de Chatellerault, un territoire

---

[1]   Une entreprise à but d'emploi (EBE) est une entreprise de l'économie sociale et solidaire, conventionnée par le territoire sur lequel elle est implantée et le Fonds d'expérimentation. Cette entreprise a pour fonction première de produire des emplois supplémentaires manquants sur le territoire et adaptés aux personnes privées durablement d'emploi habitantes du territoire, qu'elle embauche sur proposition du comité local pour l'emploi (CLE).

zéro chômage longue durée en expérimentation. Quand j'ai rencontré le président du Medef de l'époque, Geoffroy Roux de Bézieux, il m'a dit que, sans ce dispositif, certaines personnes n'auraient pas été embauchées. Nous avons développé dans ce territoire une champignonnière qui avait disparu 15 ans plus tôt, que nous avons réhabilitée. Alors que les champignons sont aujourd'hui importés d'Europe de l'Est et d'Asie, l'entreprise produit des tonnes de champignons grâce aux savoirs des artisans et à ceux d'une personne qui y avait travaillé et avait conservé par transmission orale ces savoirs. Il les a transmis à son tour aux autres salariés. Il faut retrouver ces racines du travail, cette culture, cet imaginaire, ce qui est compatible avec des entreprises classiques.

Sophie Boissard : Dans mon secteur d'activité, la question du sens ne se pose pas. Se posent, en revanche, celles de la pénibilité et des conditions d'exercice. Par ailleurs, je pense qu'il faut repenser la question du sens à l'aune de la participation à la vie sociale, le travail est souvent le principal, voire le seul mode de sociabilité.

Débat

Table des questions : Sophie Boissard, vous êtes dans un secteur qui a été fortement critiqué pour son mode de management, l'absence de dialogue, sa relation avec les personnes hébergées. Quel mode de gouvernance avez-vous trouvé pour sécuriser, solidifier le positionnement que vous avez adopté ?

Sophie Boissard : Les entreprises de ce secteur sont passées en vingt ans du stade de PME locales à celui de réseaux structurés de taille européenne. Ce sont encore des entreprises jeunes qui doivent affermir une culture en cohérence avec leur mission. Les valeurs, la promotion du dialogue social sont essentielles et tout cela se construit dans la durée.

Nos métiers sont par ailleurs des métiers exposés avec des responsabilités très fortes, il faut rester humble et avoir conscience que, dès lors que l'on s'occupe de personnes en situation de vulnérabilité, le risque zéro n'existe pas. C'est pour cela qu'il faut former, encourager la parole et travailler sans cesse sur la culture et l'éthique d'entreprise. Chez Clariane, en 2023, nous avons décidé d'adopter la qualité d'entreprise à mission[1]. Nous avons, en particulier, constitué un comité de mission qui est le pendant du conseil d'administration. Il porte la voix des patients et des familles, du personnel et associe des personnalités qualifiées. Il rend compte à l'assemblée générale des actionnaires des réalisations et des points de progrès, il s'assure que nous soyons fidèles à nos engagements.

---

[1] La qualité de « société à mission » est une qualité attribuée aux sociétés qui intègrent des objectifs sociaux et/ou environnementaux dans leurs statuts et ajustent leur mode de fonctionnement pour garantir leur atteinte.

– Laurent Grandguillaume, comment accélérer les territoires zéro chômeur et les généraliser ?

LAURENT GRANDGUILLAUME : Cela ne peut pas être généralisé par principe puisqu'il faut une volonté. Sans volonté politique territoriale de la part des élus locaux, le projet ne peut pas se faire. Il nous faut accepter, dans notre pays où tout est centralisé et uniformisé, qu'il y ait une différenciation : le projet se réalisera là où c'est possible parce qu'il y a une volonté. Ce n'est pas, culturellement, une chose qu'on a l'habitude de faire et il faut y réfléchir au cas pas cas.

Pour la suite, il faudra défendre une troisième loi l'an prochain puisque l'expérimentation a une durée de cinq ans. Expérimenter est un long chemin, c'est agir pour tenter d'atteindre un idéal. C'est donc par l'expérience, par touches successives que nous apprenons en permanence. Nous sommes contactés chaque semaine par des territoires qui veulent expérimenter. Peut-être qu'un jour le seuil de conscience collective sera franchi, l'idée sera acceptée par tous et réalisable là où c'est possible.

– Dans ces territoires zéro chômeur, a-t-on une idée du nombre de gens qui restent au bord de la route après un an ?

LAURENT GRANDGUILLAUME : On embauche au fur et à mesure les personnes en fonction des activités qui sont développées. On embauche quand il y a une activité à proposer, ce qui prend du temps. Si l'on reprend l'exemple de Prémery, il y a 102 personnes en emploi dans l'entreprise, qui est devenue la première du territoire, mais il y a encore de nombreuses personnes en privation durable d'emploi, alors que cela fait huit ans que nous expérimentons. Trouver une solution pour chacun est compliqué. Par ailleurs, nous avons aidé environ 200 personnes à retrouver un emploi puisqu'en moyenne, nous avons un nombre équivalent de personnes qui ont été embauchées par des entreprises locales grâce à l'accompagnement du comité local pour l'emploi que nous avons créé. Dans certains territoires, nous arrivons à l'exhaustivité, c'est-à-dire qu'il n'y a quasiment plus de volontaires pour travailler dans une entreprise à but d'emploi ou être accompagnés par le comité local. Le sociologue américain William Julius Wilson m'avait dit que si je comprenais pourquoi certaines personnes ou certains territoires n'adhèrent pas au projet, ce projet grandirait. Si certains ne sont pas volontaires, c'est que nous ne sommes peut-être pas la seule solution. Quelles sont les autres solutions à construire avec ces personnes ? Quelques territoires approchent du zéro chômeur, comme Jouques dans les Bouches-du-Rhône ou Mauléon dans les Deux-Sèvres, mais cela ne veut pas dire qu'il n'y a plus de personnes en privation d'emploi, c'est simplement qu'il n'y a plus de volontaires. Il faut donc dessiner d'autres solutions pour y arriver.

– Est-il sérieux de tenter de vivre décemment de son travail quand on travaille à temps partiel non choisi ? La loi favorise le travail à temps partiel, souvent moins taxé, est-ce normal ?

SOPHIE BOISSARD : Vous avez raison, le travail à temps complet doit être la règle. C'est d'ailleurs le cas chez nous.

– Pourquoi ne créez-vous pas plus de partenariat avec l'Éducation nationale. Les formations en interne n'enferment-elles pas les collaborateurs dans votre groupe ?

SOPHIE BOISSARD : Nous avons besoin des deux. Je crois profondément à la coopération des entreprises avec les lycées professionnels. C'est pour cela que nous travaillons avec le soutien de la Fondation C'Possible à des programmes d'accompagnement ciblés entre certains lycées et nos établissements de soin.

– Pourquoi avoir nommé Petit-fils une entreprise qui n'emploie quasiment que des femmes ?

SOPHIE BOISSARD : Parce que cette entreprise a été précisément créée il y a 15 ans par deux petits-fils qui se préoccupaient de la manière d'accompagner leurs grands-parents. Ils ont trouvé que l'offre de service à la personne qui était proposée n'était pas du tout au niveau, donc ils ont créé cette entreprise, Petit-fils. Leur démarche imprègne toujours la culture et l'histoire de l'entreprise.

– Laurent Grandguillaume, l'expérimentation depuis plusieurs années de Territoires zéro chômage, remarquable en soi, montre-t-elle que ce modèle est financièrement valable ou requiert-il des subventions publiques importantes dans la durée ?

LAURENT GRANDGUILLAUME : Il faudra toujours de l'argent public pour financer ce projet pour une simple et bonne raison, c'est que, pour l'essentiel, les activités développées ne sont pas fortement lucratives, sinon elles existeraient dans le secteur marchand. D'autre part, nous accueillons des personnes qui étaient au chômage depuis cinq ans en moyenne, dont 25 % en situation de handicap. Elles ont donc besoin d'un temps d'accompagnement et on leur demande une productivité à la mesure de leurs capacités. En effet, certaines ont été abîmées par le travail. Je pense qu'il faut assumer ce coût. Le coût du chômage longue durée en France a été estimé à environ 45 milliards d'euros par an. Le budget annuel de Territoire zéro chômeur est aujourd'hui de 80 millions d'euros, ce qui me paraît être un effort raisonnable. D'autres actions sont faites qui mériteraient d'être repensées, voire réduites. En ce qui nous concerne, nous avons un impact réel dans les territoires et certains retrouvent un autre emploi. Concernant les seniors que nous embauchons, je ne suis pas certain qu'il existe des alternatives dans leurs territoires. Il ne faut pas se poser trop de questions à ce sujet mais apprendre à bien gérer la dépense publique. Pour nous accompagner dans ce projet, nous avons un fonds d'expérimentation qui a été présidé par Louis Gallois, puis maintenant par François Nogué, ancien DRH de la SNCF.

— Sophie Boissard, pourriez-vous nous parler de la politique salariale de votre entreprise, de la vision que vous en avez et de son évolution, ainsi que des écarts salariaux que vous observez ?

SOPHIE BOISSARD : Notre politique salariale est très encadrée puisque nous dépendons des financements de l'Assurance maladie et de la Caisse nationale de solidarité pour l'autonomie (CNSA). Depuis 2019, en France, les salaires ont augmenté en moyenne de 25 % (et de 27 % pour les aides-soignantes). Le Ségur de la santé a marqué de ce point de vue une avancée majeure. La question du juste salaire pour une activité qui, en quelque sorte, a un coût, mais n'a pas de prix, n'est pas une question facile. Une aide-soignante diplômée commence aujourd'hui autour de 2 200 € bruts et un infirmier autour de 3 000 €, en tenant compte des conditions d'exercice réels, horaires, présence le week-end, etc. Notre ratio dit d'équité, c'est-à-dire l'écart entre la rémunération moyenne des salariés du Groupe et la plus élevée, est de 33 pour l'exercice 2023, ce qui est important, je vous l'accorde, mais sans commune mesure avec d'autres types d'entreprises. Tous ces chiffres figurent dans notre rapport annuel.

Miser sur le collectif pour une écologie du travail féconde

Paris, 24 novembre 2024

Vers une écologie du travail

SOPHIE THIÉRY
JEAN-BAPTISTE BARFETY

ÉRIC PAILLER[1] : Nous allons nous intéresser à la façon dont le changement climatique modifie la question du travail ainsi qu'au sens du travail, à la place du travail dans la vie et de la vie au travail. Nous bénéficions d'un travail préliminaire effectué par Eric Wendling et Sophie Mistral qui ont interviewé trois professionnels ayant pris conscience du changement climatique et voulant placer leur travail en adéquation avec leurs convictions.

Sophie Thiéry, vous avez remis un rapport des Assises du travail[2], rédigé avec Jean-Dominique Senard, en avril 2023, sur la façon de reconsidérer le travail aujourd'hui.

SOPHIE THIÉRY[3] : Les Assises du travail ont contribué à relancer publiquement le débat sur le travail après une période où le chômage de masse avait focalisé le débat sur la question de l'emploi. Ceci au détriment d'un débat sur la qualité et le sens du travail, pourtant constitutifs d'une politique de plein emploi, qui font que les gens ont envie d'aller travailler et peuvent s'émanciper par le travail.

ÉRIC PAILLER : Jean-Baptiste Barfety, parlez-nous de la chaire que vous dirigez.

---

[1] Éric Pailler est rédacteur en chef au Jour du Seigneur.

[2] Les Assises du Travail, lancées le 2 décembre 2022 au Conservatoire national des arts et métiers (CNAM), sont l'un des chantiers conduits dans le cadre du Conseil national de la refondation (CNR). Elles avaient pour objectif de structurer une réflexion et de faire des propositions sur des grands sujets autour du sens et du rapport au travail, qui ont pris une importance accrue après la crise sanitaire.

[3] Sophie Thiéry est présidente de la commission Travail et emploi du CESE et consultante sur les sujets de RSE (Responsabilité sociale des entreprises).

Jean-Baptiste Barfety[1] : Cette chaire, constituée avec l'Institut catholique de Paris et l'Essec, travaille avec sept entreprises partenaires sur les questions de responsabilité de l'entreprise, notamment dans le travail. Nous préparons un rapport sur la responsabilité territoriale des entreprises, qui n'est pas sans lien avec le cadre de vie. Je codirige également un programme de recherche au Collège des Bernardins sur ce sujet.

Éric Pailler : Vous êtes aussi membre d'un collectif, Entreprise et Bien commun, né à l'époque où vous étiez rapporteur du rapport Senard-Notat, en 2018, qui a donné naissance à la loi Pacte. Vous aviez alors interrogé nombre de professionnels dans le monde du travail et vous avez repris ce travail récemment avec ce collectif.

Jean-Baptiste Barfety : Nous avions été enthousiasmés par le travail fait en 2017 sur ces sujets de gouvernance de l'entreprise et nous avons voulu nous pencher sur la question du sens au travail. Nous avons travaillé avec une dizaine de grandes entreprises hors dirigeants et hors RH. Comme dans les vidéos de témoignages que nous allons voir, nous avons tendu le micro aux salariés, aux managers, en formant des groupes de discussion, car on ne peut pas parler du travail « d'en haut », entre experts, sans avoir un point de vue vivant sur le travail vivant.

Sophie Thiéry : Au-delà du rapport que nous avons réalisé avec Jean-Dominique Senard, intitulé « Reconsidérer le travail », je souhaite apporter quelques précisions sur la commission que je préside au CESE. Le Conseil économique social et environnemental (CESE) est la chambre de la société civile organisée à côté de l'Assemblée nationale et du Sénat, composée de 175 conseillers venant d'horizons très divers. Au sein de la commission Travail-Emploi, nous avons des représentants des organisations syndicales de salariés, d'employeurs, des mouvements de jeunesse, des ONG environnementales, des associations représentant les familles. Nous avons donc une vision très sociétale du travail.

Quand nous avons commencé le mandat 2021-2026, nous nous sommes fixés une feuille de route en quatre points : redonner de la centralité au sujet du travail/emploi ; penser la transition écologique en même temps que les transformations du travail et de l'emploi, ce qui a donné lieu à deux rapports, l'un sur l'impact des dérèglements climatiques sur la santé au travail et l'autre sur comment mobiliser les acteurs de l'emploi et du travail pour réussir la planification écologique ; le troisième axe repose sur la conviction que le dialogue est le levier privilégié des transformations ; enfin, la lutte contre les inégalités.

Éric Pailler : Jean-Baptiste, vous vous êtes aussi plongé dans cette question avec « Du sens à l'ouvrage »[2].

---

[1] Jean-Baptiste Barfety est directeur exécutif de la chaire ICP-ESSEC Entreprise et Bien commun.

[2] Rapport du Projet Sens, « Du sens à l'ouvrage – Comprendre les nouvelles aspirations dans le travail », 2023.

Jean-Baptiste Barfety : Ce rapport est le fruit d'un an de travail avec les entreprises de notre Projet Sens[1], nourri par le témoignage et les discussions d'une centaine de personnes. Nous avons également rédigé un manifeste comportant des engagements que nous avons choisi de publier en open source sur projet-sens.fr.

Éric Pailler : Je vous propose d'écouter les témoignages de trois professionnels, très diplômés, qui ont fait des choix assez engageants à différents degrés dans leur vie professionnelle.

Entretiens vidéo

Comment avez-vous été conduits à intégrer une dimension écologique forte dans votre activité professionnelle ?

Benoît Halgand : Je suis formateur au Campus de la transition, association de Seine-et-Marne, qui propose des séjours immersifs pour des étudiants, des professeurs, des chercheurs et des professionnels. Il s'agit d'un éco-lieu dans lequel vivent une vingtaine de personnes qui ont choisi d'expérimenter une vie partagée, sobre et la plus cohérente possible avec les contraintes écologiques de notre époque. Je propose de partager cette expérience à des groupes qui veulent des informations, de les former de manière intellectuelle aux enjeux de la transition écologique et de leur donner des clés pour agir. Durant mes études à Polytechnique, j'étais très engagé dans les questions écologiques, puis j'ai fait un an de césure à l'abbaye de Hautecombe, en Savoie, en formation théologique avant d'arriver sur le Campus de la transition. Je suis arrivé au moment du lancement du Manifeste étudiant pour un réveil écologique qui a mobilisé 30 000 étudiants voulant agir dans leur carrière sur la transition écologique et se tourner vers des employeurs compatibles avec leurs valeurs. En sortant de mon année de césure, j'ai souhaité avoir un emploi à la fois très orienté vers la transition écologique et à temps partiel pour avoir un engagement bénévole afin de porter ces préoccupations écologiques dans le monde chrétien, un travail qui aille à la racine des problèmes, qui essaie d'embarquer un maximum de personnes dans ce mouvement pour le vivant. J'ai trouvé cette posture radicale, mais non marginale, au Campus de la transition dans lequel je suis depuis bientôt deux ans.

Gabrielle Kiss : Je suis consultante en management numérique responsable. Quand j'ai pris conscience des tenants et aboutissants du dérèglement climatique, j'ai d'abord choisi le déni en étouffant les informations que j'avais intégrées pendant ces conférences. Deux ans plus tard, avec le recul, j'ai voulu intégrer la dimension environnementale dans mon travail, au moment où j'ai commencé à travailler dans l'entreprise dans laquelle je travaille depuis 5 ans. Je n'ai pas trouvé immédiatement un mode d'action, j'en ai parlé autour de moi et j'ai découvert le Shift project. J'ai assisté à une conférence de l'université d'été sur la façon dont l'entreprise pouvait s'engager sur les enjeux

---

[1]   https://www.projet-sens.fr/projet

environnementaux. Certaine de pouvoir faire quelque chose dans le cadre de mon travail, j'ai rencontré les collectifs et été convaincue par leur modalité d'engagement par l'action. Le Shift fournit aux salariés qui veulent s'engager dans la transition environnementale dans l'entreprise les idées d'action, de structure, de discussions pour mettre en place des actions environnementales dans leur quotidien de travail. Celles-ci ne sont pas forcément demandées par les managers, mais elles sont bienvenues puisqu'elles viennent enrichir et approfondir l'engagement environnemental de l'entreprise. En rencontrant cette association, j'ai créé dans mon cabinet un collectif de salariés et mené plusieurs actions.

Michel Fünfschilling : Je suis cadre dirigeant dans l'agroalimentaire. Pour moi, l'écologie fait partie de toutes les activités humaines, nous avons tous un impact, nous produisons des déchets et nous nous inscrivons dans le déséquilibre de l'évolution et de la vie. Modestement, dans mon parcours, où il y a autant de choix que de hasards, j'ai débuté au Port de Paris où l'enjeu était de mettre à disposition du foncier pour favoriser des logistiques durables, notamment la logistique fluviale. J'ai rejoint ensuite Veolia où j'ai opéré dans un certain nombre de pays en Asie et en Europe sur des problématiques de l'eau, de mise à disposition et de qualité de l'eau, mais aussi d'énergie – comment verdir le mix et faire des économies d'énergie sur la partie retraitement ou revalorisation des déchets. Plus récemment, je me suis réorienté vers l'agriculture, parce que c'est un domaine qui a beaucoup de besoins en termes d'innovation environnementale. Je travaille dans une start-up qui œuvre à la revitalisation des sols agricoles. De façon générale, les enjeux agricoles et l'impact que l'on peut avoir dans l'agriculture sont des choses que je trouve très exaltantes. ─────────────────

Éric Pailler : Sophie, dans le travail que vous avez mené, avez-vous été surprise par la place que prenait le changement climatique dans la façon de repenser le travail aujourd'hui ?

Sophie Thiéry : Dans le travail mené lors des Assises, nous avions plutôt identifié le sujet comme un enjeu d'avenir. Il existe désormais un consensus sur le fait que trois grandes transformations vont venir bouleverser de façon radicale l'organisation du travail. La première, la transition écologique, va provoquer la transformation des métiers : nous allons être obligés de consommer autrement, donc de produire autrement et, par conséquent, de travailler autrement ; les modèles économiques vont changer. La deuxième, c'est l'IA qui est déjà présente et impacte les métiers, les relations au travail et les organisations du travail. La troisième est l'évolution démographique avec une baisse de la population active et une accélération des mouvements migratoires. Comment va-t-on accueillir les personnes qui vont arriver ? C'est une chose que nous avions identifiée dans un contexte de transformation majeure qui nécessite des collectifs de travail capables de s'adapter à ces transformations. Concernant l'environnement, à l'occasion des travaux du CESE de 2023 sur l'impact du dérèglement climatique sur la santé au travail, nous avions demandé aux personnes de nous dire ce qu'elles avaient déjà identifié comme bonnes pratiques au sein de leurs organisations. En effet, depuis la loi Climat et résilience de 2019, il y a une obligation de parler de l'impact de l'environnement dans les comités d'entreprise. Or, aucune bonne pratique n'est remontée. Nous nous sommes rendu compte que ce n'était pas encore un sujet de dialogue dans les entreprises. Quelques études existent au niveau national sur l'emploi, mais pas sur l'organisation et les conditions de travail. Nous avons donc lancé une enquête et mis en place une grande plateforme consultative essentiellement auprès des acteurs du dialogue social dans les entreprises. Nous avons reçu beaucoup de réponses, dont le premier enseignement était que 80 % des personnes avaient constaté que les transformations de l'environnement avaient un impact sur la santé au travail. Nous avons eu plus d'un millier de verbatim qui en précisaient l'impact. Cela concernait les travailleurs en plein air, bien évidemment, donc les travaux publics et les travaux agricoles. Rappelons aussi qu'en 2023 il y a eu six morts de chaleur dans le Bordelais et en Champagne lors des vendanges. Les enseignants ont également été touchés : comment faire cours quand il fait 35°C et qu'il n'y a pas de rideaux aux fenêtres ? Mais aussi dans les hôpitaux, les services à domicile et dans les métiers de relation avec des usagers. Quand c'est la canicule, l'énervement monte vite, on dort mal la nuit et les conflits augmentent dans les relations interpersonnelles. Si 80 % des répondants attestent de cet impact, moins de 15 % seulement disent en avoir parlé dans leur entreprise. L'impact est constaté, mais ce n'est pas un sujet de dialogue dans les entreprises ni dans les fonctions publiques.

Nous leur avons ensuite demandé pourquoi on n'en parle pas, alors que c'est une obligation légale et que c'est ressenti. En fait, les sujets environnementaux paraissent trop complexes pour les employeurs, les représentants du personnel ou les DRH, alors qu'ils font déjà face à des sujets sociaux complexes et aux changements des réglementations. Donc, ils demandent à être formés. Certes, il faut renforcer la formation, mais pour discuter ensemble de l'impact du changement climatique sur le travail, il n'est pas nécessaire de devenir spécialiste du bilan carbone ou expert environnemental. Il faut commencer par poser les bonnes questions ensemble. Lors des épisodes de canicule, il y a eu des réunions extraordinaires des comités d'entreprise pour mettre en place des mesures d'urgence, comme changer les horaires, renforcer le télétravail, adapter les uniformes ou tenues de travail, etc. C'était censé répondre au mieux – mais pas pour tout le monde – à l'urgence. Dans les grandes villes, télétravailler en étant cantonné dans une chambre de bonne surchauffée n'est pas idéal, c'est mieux dans un bureau climatisé. Il conviendrait dorénavant de gérer de façon anticipée les nouvelles organisations et conditions de travail par forte chaleur, pas simplement de gérer l'urgence.

Éric Pailler : Jean-Baptiste, vous qui travaillez avec beaucoup d'entreprises, notamment en Économie sociale et solidaire (ESS), partagez-vous ce constat qu'elles se sentent démunies par rapport à cette façon de penser le changement climatique qui vient impacter fortement leur activité ?

JEAN-BAPTISTE BARFETY : Je ne dirais pas qu'ils sont démunis, mais plutôt aiguillonnés, notamment par des jeunes tels que ceux que nous avons écoutés sur les vidéos. Ce sont ces personnes qui contribuent à une prise de conscience à l'intérieur de l'entreprise, en la décalant du point de vue du travail, et pas simplement de celui des actionnaires qui peuvent aussi avoir leurs propres préoccupations concernant le changement en cours. Ce que j'entends, dans ces vidéos, c'est souvent la pointe émergée de l'iceberg. On voit des personnes en mission, passionnées, très au fait de ces questions qui peuvent, dans certains cas, mettre leur chef en difficulté, tel Benoît Halgand qui s'est fait connaître lors de son discours de remise des diplômes de polytechnique, expliquant qu'il n'allait pas suivre la voie tracée par son école.

Au-delà de ces quelques personnes très engagées, nous constatons que c'est une préoccupation plus générale. Quelques-uns sont en mission, quelques autres en reconversion, mais derrière ces cas minoritaires, une grande partie des salariés s'interroge sur ces questions. Jusqu'à présent, les médias reflètent des prises de position sur la responsabilité individuelle dans la consommation. Ces jeunes ne veulent pas seulement contribuer négativement, mais aussi contribuer positivement à travers leur activité professionnelle. En 2017, quand nous avons réalisé le rapport, nous étions partis, avec Nicole Notat et Jean-Dominique Senard, du constat d'une financiarisation dans l'entreprise et nous avons proposé cet outil de la raison d'être pour réorienter les discussions dans l'entreprise vers ce qu'on a envie de faire collectivement. Peter Drucker, professeur de management aux États-Unis qui conseillait des dirigeants américains – et qui n'est pas un révolutionnaire –, disait que la rentabilité n'est pas le but de l'entreprise, que ce n'est pas son point de départ. Le point de départ, c'est une vision qu'un dirigeant ou un manager peut avoir sur son activité, qui va faire un certain nombre de paris. C'est dans un second temps qu'on vérifie si l'entreprise est rentable, si l'analyse était la bonne. C'est ce que nous avons souhaité remettre dans la discussion : quel est votre pari collectivement dans votre équipe, votre filiale ou votre groupe ? Où voulez-vous emmener les salariés, votre activité ? Partagez ce pari avec eux pour ne pas vous retrouver avec des mini-évolutions, des aiguillons désorganisés, car bien souvent il se fait des choses qu'il faut mettre dans cette cohérence et cette visibilité.

Entretiens vidéo ───────────────────────────────

Quel impact votre engagement a-t-il eu sur votre relation au travail ?

Benoît Halgand : J'ai décidé de ne travailler que trois ou quatre jours par semaine pour remettre le travail à sa juste place. J'ai découvert pendant mes études que notre système productif et nos modes de consommation étaient en grande partie responsables de la destruction du vivant. Il fallait inventer un autre rapport au monde. Je voulais me laisser plus de temps pour vivre un engagement citoyen, mener ma vie spirituelle et prendre soin de ma relation à Dieu et aux autres. C'est ce que je vis aujourd'hui, avec mon travail trois ou quatre jours par semaine au Campus de la transition et une appartenance forte dans un mouvement chrétien, Lutte et Contemplation, qui associe ces deux pôles. Un pôle de lutte, c'est-à-dire un engagement citoyen pour la justice écologique et sociale en prenant part à différentes actions et mobilisations ; et un pôle de contemplation évangélique, de prière, et aussi de fraternité et de gratuité dans mes relations. J'ai décidé de ne pas faire du travail le centre de ma vie tout en lui accordant une place importante, mais couplée avec d'autres engagements tout aussi importants pour moi.

Gabrielle Kiss : Les collectifs du Shift ont été une grande source d'inspiration pour moi en me montrant la façon dont un salarié peut s'engager dans une entreprise. Ils m'ont permis d'identifier ce que je pouvais mener comme action dans mon cabinet. La première action a consisté à structurer un collectif, donc trouver les personnes avec qui s'engager au quotidien, ce qui m'a permis de rencontrer beaucoup de personnes de divers horizons. Ensuite, nous avons identifié les actions qui font sens au sein du cabinet, différentes de celles des entreprises. L'association a permis de voir ce qui avait déjà été fait et d'échanger avec d'autres entreprises de notre secteur sur les actions conduites. Cela nous a aussi permis de voir plus loin et d'être plus ambitieux. La première grosse action que nous avons menée après une série de petites actions a été d'organiser la Earth Week, la semaine de la terre : collecte de déchets numériques, en expliquant pourquoi on le faisait, avec une exposition de photos par des consultants sur le thème de la nature, des exemples de nature à intégrer dans le bâtiment, une conférence de sensibilisation avec Marc-André Sélosse sur la notion de biodiversité, ou des actions plus connues comme la Fresque du climat. Nous avons posé les premières briques d'échange avec la direction et nos associés sur la dimension environnementale au sein de notre travail au quotidien. L'idée était d'intégrer un peu plus la dimension stratégique. Nous avons eu le courage de mener ces actions parce qu'on nous avait montré que c'était possible et qu'il n'y avait aucune raison qu'on ne puisse pas le faire. Nous les avons adaptées en fonction du niveau de maturité, du budget, évidemment, et de la disponibilité des consultants.

Michel Fünfschilling : L'envie de grand air et l'ancrage de ma famille dans une région de France faisaient partie de ma réflexion. De même que le souhait d'avoir une dimension plus entrepreneuriale, plus humaine, avec une petite cellule, et davantage connectée au vivant. Je cite souvent Camus qui disait à propos du mariage qu'on croit choisir mais qu'on est choisi. J'ai été attiré par la mission de la start-up dans laquelle je suis, car il y avait davantage de sens et ma connaissance du fonctionnement d'une entreprise et de la façon de la faire grandir intéressait. C'est ainsi que ce « mariage » s'est fait. J'ai compris que c'est en se confrontant aux problématiques qu'on peut en appréhender toute la profondeur et la dimension. Je prendrai l'exemple de Veolia : la société a transformé des centrales de production de chaleur au charbon pour passer à la paille et j'en ai été très fier. Mais quand j'ai pris conscience que cette paille ne pourrait pas nourrir les sols dont les micro-organismes ont besoin pour créer de l'humus, je me suis ré-interrogé sur ce qu'est le bon équilibre, quelles autres dimensions il faut intégrer et sortir peut-être de certaines images d'Épinal. C'est ce que j'ai le plus apprécié dans ce retour à la terre qu'il m'a été permis de vivre. —————————————————————— -

ÉRIC PAILLER : Jean-Baptiste, vous avez parlé des jeunes générations qui viennent aiguillonner les entreprises. Après les positions plus ou moins radicales prises à HEC, Polytechnique, Agrotech, on a eu l'impression que les entreprises se sont dit : « Si vous ne voulez pas de nous, nous non plus nous ne voulons pas de vous. » Comment cela se passe-t-il aujourd'hui ? Y a-t-il un dialogue ?

JEAN-BAPTISTE BARFETY : Je ne peux parler que des entreprises que je connais. D'un côté, c'est peut-être les entreprises qui ont enclenché en partie ce qui s'est passé avec la question de l'engagement au travail, de l'implication qu'elles prônaient en leur sein. C'est la réponse du berger à la bergère : « Puisque vous voulez qu'on soit engagé dans le travail, regardez ce dont nous avons besoin. » Ce n'est pas à sens unique, mais c'est une sorte de dialogue entre les deux. Je n'ai pas le senti-ment qu'il y a un divorce sur la question, contrairement à ce qu'auraient pu faire penser ces prises de parole un peu flamboyantes. On trouve aussi des entreprises qui repeignent tout en vert. Mais ce qui est intéressant, c'est ce qui se passe dans la pratique, comme ces salariés qui essaient d'enclencher un dialogue, pas uniquement social. Les témoignages que nous avons entendus me donnent envie de réagir. Notre rapport montre que 43 % des actifs sont prêts à changer d'emploi pour un autre qui aurait davantage de sens. On ne peut donc pas réduire ces aspirations à des coups d'éclats d'une minorité de jeunes excités. Concernant les moins de 35 ans, ce pour-centage est de 59 % des actifs. Quand on interroge des gens de tout âge, ils disent aussi se poser des questions, peut-être différemment, moins en lien avec le climat. Dans notre rapport, nous proposons trois leviers sur le sens au travail : la finalité ; le contenu ; et le management.

Le sens au travail est très paradoxal, car d'une part, c'est éminemment individuel et subjectif ; chacun va avoir un équilibre entre ces différents leviers et l'entreprise ne peut pas avoir une politique descendante pour imposer la même chose à tout le monde. D'autre part, on voit dans les témoignages l'importance du collectif, une demande de lien aux autres. On veut pouvoir se regarder dans la glace, être fier devant sa famille, ses clients, ses collègues. Le témoignage de Michel incite à ne pas faire que des petits gestes dans son coin, mais à utiliser la puissance de l'entreprise pour faire des choix plus ambitieux. Nous avons besoin de la force de frappe du collectif et de l'entreprise.

Éric Pailler : L'entreprise à taille humaine forme un groupe qui peut se sentir influent et changer des choses. J'ai écouté un psycho-paléontologue qui expliquait que nous ne sommes pas vraiment sortis de la grotte et qu'on ne peut se référer qu'à ce qui constitue la tribu, c'est-à-dire 50 personnes. On comprend son propre impact dans un groupe de 50 personnes, mais pas au-delà. Sophie, est-on en train de changer de perception sur la question du sens au travail ?

Sophie Thiéry : Le confinement a été une expérience collective universelle inédite où tout le monde s'est posé la question de la vie au travail et du travail dans la vie. Évidemment, cela a laissé des traces, mais aussi parce que c'était une évolution présente avant le Covid, notamment sur le sens et le rapport au travail ainsi que sur le sujet des pratiques managériales qui est beaucoup remonté lors des Assises du travail. Bien sûr, tout le monde ne peut pas avoir un métier qui va transformer le monde, ni être militant actif d'une ONG. Pour autant, nombre de salariés se disent concernés : dans les auditions que nous avons menées, par exemple, certains cadres disaient refuser des déplacements en avion qui leur semblent inutiles et facilement remplaçables par des visios. Dans le secteur public, des jardiniers refusent d'utiliser certains produits au nom de leur santé autant que pour la protection de la planète. On voit que, dans l'activité quotidienne, ce type de réflexes se développe tout comme le rejet du greenwashing. Lors d'un entretien d'embauche, ceux qui posent des questions sur l'engagement RSE ou environnemental de l'entreprise demandent des exemples, preuves à l'appui.

Face à l'éco-anxiété, il faut avoir le sentiment de pouvoir agir, chacun à son niveau, par des éco-gestes, une transformation de métier, du mécénat de compétence sur des sujets environnementaux, du bénévolat ou une action de l'entreprise. Il y a dix mille façons pour une entreprise de prendre en considération cette attente des salariés, de leur donner la possibilité d'agir et lutter ainsi contre le réchauffement climatique. L'entreprise n'est pas forcément perçue comme la cause, mais elle peut être une solution à l'éco-anxiété.

Mais le point important des Assises sur lequel je souhaite revenir, c'est la reconnaissance. L'objet de notre rapport est de reconsidérer le travail. De récentes études montrent que les salariés, les travailleurs, du public comme du privé, veulent être écoutés et que leur point de vue soit pris en considération. Ils sont aux premières loges sur l'adaptation aux changements climatiques et ils ont des choses à dire.

Éric Pailler : Y a-t-il un changement culturel à opérer ?

Sophie Thiéry : Nous parlons de révolution managériale. Ce n'est pas un « changement », une transition écologique, mais bien une transformation radicale absolument nécessaire. Face à une transformation radicale, il faut une révolution managériale qui vise à écouter davantage, à associer les salariés aux solutions. L'ampleur des transformations à mener est telle que ce n'est pas un dirigeant tout seul dans son coin qui va trouver la solution, ce serait une illusion. Ce sont des collectifs de travail qui trouvent des solutions pour faire face à ces bouleversements déjà à l'œuvre.

Entretiens vidéo

Quel est l'apport d'un tel engagement à l'échelle individuelle et collective ?

Benoît Halgand : Choisir de bifurquer et de ne pas suivre une carrière classique demande certains renoncements. On passe par des périodes de chômage, on s'interroge sur les choix, ce qui est possible quand on bénéficie d'un minimum de sécurité et du soutien des cercles familiaux et amicaux. J'ai cette chance et, avec mon diplôme, je sais que, d'une manière ou d'une autre, je trouverais du travail quels que soient les aléas de la vie. J'ai cette liberté et donc une responsabilité. Comme je possède certains privilèges, j'ai envie de m'engager. Cela suppose aussi de baisser son niveau de vie, mais je ne regrette pas d'avoir un salaire deux fois inférieur à celui de mes camarades de promotion. Ne pas avoir trop d'argent est assez libérateur à condition d'en avoir suffisamment pour vivre dignement. Cela suppose de revenir régulièrement au sens de son travail, de ne pas s'enfermer dans le confort et de chercher ce qui est juste. L'enjeu est que chacun discerne là où il se sent appelé, là où il peut mettre ses compétences et ses aspirations au service d'un monde plus juste.

Gabrielle Kiss : Les personnes qui initient des collectifs dans les entreprises ou les rejoignent sont, j'imagine, des personnes qui ont ce besoin viscéral d'optimisme au quotidien et veulent donner du sens à leur travail. Vu le temps qu'on passe au travail au cours d'une vie, on peut penser le travail comme une plateforme d'engagement, ce que permettent les collectifs. Ces personnes pleines d'optimisme vont permettre de créer des environnements favorables à l'action et de rassembler des individus qui n'auraient pas forcément pensé l'engagement de cette façon. Parmi les différents collectifs d'entreprise, j'observe que la modalité d'action regroupe au moins 10 à 15 personnes et que les scénarios les plus favorables permettent d'avoir un impact sur l'imaginaire collectif au niveau d'une entreprise, sur la stratégie, les métiers, les engagements concrets. Dans tous les cas, c'est positif, la variation concernant la portée de l'action en fonction de l'environnement de travail.

Michel Fünfschilling : Ce qui me frappe, c'est l'incroyable énergie et enthousiasme qu'on peut avoir autour d'un projet ou d'une équipe jeune quand il s'agit d'un projet assez simple, assez pur et porteur de sens. Cela va de pair avec un grand inconfort quand on sait qu'une start-up sur dix ne résiste pas. C'est une petite goélette face à un vent de force 10 quand il s'agit de trouver les financements, vérifier le bon fonctionnement des solutions et trouver des clients. Cela m'a beaucoup apporté sur la compréhension ma fragilité : quand on quitte sa zone de confort, le roi est nu. Au sein d'une entreprise on peut être mis dans une position de surhomme, celui qui doit réduire les aléas, être un rempart face à l'incertitude et faire en sorte qu'il n'y ait pas de problèmes dans son périmètre. Or, ce n'est pas la réalité. Notre époque d'incertitudes économiques, climatiques, avec une situation politique et internationale incertaine, fait que se confronter à l'incertitude, voir comment naviguer, vivre et être heureux avec ses fragilités, c'est retrouver une forme de résilience et de robustesse. Cela peut être émotionnellement et psychologiquement très perturbant, mais c'est un combat qui fait réellement grandir. ———————————————————————————————

ÉRIC PAILLER : S'il faut s'adapter au changement climatique, puisqu'on parle de + 4 degrés à la fin du siècle, quelles sont les priorités ?

SOPHIE THIÉRY : Au CESE, si nous avons travaillé sur les acteurs de l'emploi et du travail pour réussir la planification écologique, c'est parce que le secrétariat général à la planification écologique avait rédigé une superbe feuille de route avec des objectifs pour le bâtiment, le transport, l'alimentation. Mais il avait complètement oublié de parler du volet travail et emploi. Nous avons signalé que ces objectifs étaient formidables, mais que se posait la question de « qui » allait permettre de les atteindre concrètement. Il faut certes chiffrer le nombre de personnes nécessaires, mais il faut que ces personnes disposent des compétences nécessaires. Des formations ont bien été mises en place, mais certaines n'attirent pas de candidats. Pourquoi ? Parce qu'on ne parle que de l'emploi, de façon macro-économique, alors qu'il faut, à un moment donné, se mettre à hauteur d'homme et de femme. Qu'est-ce qui fait que des gens vont avoir envie de retourner travailler dans l'agriculture, de faire de la rénovation de bâtiments, de se tourner vers la voiture électrique ? C'est ce à quoi nous nous sommes attaqués au CESE. Selon les raisons pour lesquelles les personnes cherchent un emploi – après une formation initiale, en recherche de sens ou d'un emploi durable, en reconversion – comment être accompagné ? On constate que les outils existent mais qu'ils sont très peu mobilisés. La capacité d'adaptation sera de concilier une sorte de droit à la reconversion et des systèmes massifs qui proposent et accompagnent les reconversions professionnelles : conseil ; orientation ; formation professionnelle ; tester les métiers. Il faut une protection sociale qui accompagne tout au long de la vie, parce qu'actuellement, une personne qui entre dans le marché du travail changera entre 13 et 15 fois d'employeur. Cela nécessite un véritable accompagnement individuel face aux nombreuses reconversions à venir pour s'adapter aux changements. Cela peut être une très bonne nouvelle que de se dire qu'on n'a pas un métier pour toute la vie, mais il faut renforcer cet accompagnement individuel et collectif.

JEAN-BAPTISTE BARFETY : Benoît Halgand nous présente une sorte d'idéal, où il va très loin dans ses convictions, mais nous ne sommes pas tous obligés de suivre le chemin qu'il trace. Il ne faut pas mettre la pression et ne pas confondre sens du travail et équilibre vie personnelle/vie professionnelle. Quand il dit qu'il ne travaille que trois jours, il parle de son emploi, car son temps de bénévolat est du travail. Dans certains secteurs, l'associatif, la culture, par exemple, se trouvent des personnes qui trouvent beaucoup de sens dans leur travail mais sont au bord du burn-out, parce qu'ils défendent une cause et ont du mal à prendre du recul. Même si l'on porte les deux combats à la fois, ce sont deux choses très différentes. Va-t-il falloir travailler plus en agriculture pour assurer la transition et se passer des produits phytosanitaires ? Va-t-on travailler moins grâce à l'intelligence artificielle (IA) à qui on va déléguer un certain nombres de tâches ?

Je ne ferais pas de corrélation entre ces deux débats et le point de sortie pour moi est le dialogue, pour mener à bien ces transitions qui redéfinissent le contenu des métiers, leur périmètre et leur répartition. Nous n'avons pas de mode d'emploi pour utiliser Internet, l'IA. Chacun avance dans son coin, une bougie dans la main pour éclairer ce qu'il peut, ce que la recherche appelle la frontière irrégulière de l'IA. Cela va se faire de façon décentralisée. Ce sont les ingénieurs et les travailleurs sur le terrain qui vont, dans les 10, 15 ou 20 ans qui viennent, redéfinir leurs différents métiers et entraîner des conséquences importantes. Cela se fera par le dialogue entre les managers et les travailleurs, très concrètement, sur le terrain.

Retrouver un pouvoir d'agir collectif pour une qualité du travail

MAURICE THÉVENET
ANTOINE MENARD
ANDER ETXEBERRIA

ALBAN SARTORI[1] : On observe une perte de sens au travail très forte, liée à des considérations écologiques, à une perte de valeur, ainsi qu'à un désengagement lié à nos modes d'organisation. Le monde du travail souffre d'une absence de subsidiarité. Plus on édicte des règles, plus on donne aux gens des moyens de les éviter, plus on ajoute des couches de contrôle, plus on produit de reporting. Cela a des effets sur le fait que de moins en moins de gens veulent devenir encadrants. En tant que DRH, je suis surpris de voir des jeunes à potentiel qui me disent qu'ils ne veulent pas passer leur vie à remplir des tableaux sans avoir le temps de manager leurs équipes ni de temps pour eux. C'est assez nouveau. Il existe donc un questionnement sur nos modes d'organisation, sur la manière dont on structure le vivre ensemble dans le monde du travail.

MAURICE THÉVENET[2] : C'est un peu paradoxal de demander à un professeur de parler de l'action, ma spécialité étant la théorie. Quand on sait agir, on devient des professionnels, quand on ne sait pas agir, on conseille et quand on ne sait pas conseiller, on enseigne, ce qui m'a culpabilisé quelques dizaines d'années, mais ce à quoi je me suis bien habitué. Ceci dit, faire de la théorie a du sens, surtout sur cette question du travail, car théorie vient du grec theorein qui signifie contempler, observer. L'une des plus grandes difficultés du travail est de savoir le regarder et l'observer. Nous

---

[1]   Alban Sartori est vice-président des Semaines sociales de France.
[2]   Maurice Thévenet est professeur à l'ESSEC Business School.

91

sommes biaisés par notre propre expérience du travail, celle de nos enfants ou petits-enfants, par nos convictions, nos idéologies, mais aussi par l'actualité qui met le projecteur sur certains phénomènes. Cela bride un peu notre capacité à aborder le travail dans toute sa complexité. Si nous voulons agir, encore faut-il prendre la mesure de cette complexité. Nous sommes face à trois difficultés pour regarder le travail.

Nous avons trop tendance à aborder le travail au singulier. Lors des grands débats sur la réforme des retraites, alors que les médias faisaient des analyses sociologiques avec des micro-trottoirs de trois minutes, vous avez probablement été surpris par le fait que chacun parlait avec émotion de « son » travail. Le travail personnel devenait « la » réalité. Pour avoir passé ma carrière à faire beaucoup de travail sur le terrain dans les entreprises, ce qui me frappe, c'est qu'on ne peut pas parler de travail au singulier, car il est totalement pluriel. Rien ne ressemble moins à une expérience de travail qu'une autre expérience de travail. Je ne parle pas de la diversité des secteurs, ni de la diversité des situations de chaque entreprise, ni de la diversité des profils ou des représentations. Le travail est devenu divers. On garde encore cette image d'il y a 60-70 ans de l'ouvrier en bleu, employé dans une grande entreprise, portant une moustache et adhérent à la CGT, or elle ne correspond plus du tout à la réalité.

La deuxième difficulté serait d'aborder le travail comme si c'était une tomate hollandaise, qui vire au rouge sans une once de terre, comme si le travail était une espèce de bulle, un phénomène qu'on aborde hors de tout contexte, sans connexion avec l'extérieur. Il pourrait se vivre au travail des choses qui n'ont rien à voir avec ce qui se passe à l'extérieur. Pour moi, l'état du marché du travail est un problème et je suis moins optimiste que certains qui disent que la question du chômage est derrière nous. De nombreux signes nous montrent qu'elle est à nouveau devant nous. La situation du marché du travail et de ses évolutions a énormément d'effets sur bon nombre de comportements et d'attitudes qui peuvent nous agacer.

On ne prend pas suffisamment en compte le fait que dans nos organisations, nos entreprises, nos associations, nos universités, on ne travaille pas. En fait, on travaille avec, car le travail, par nature, au sens latin du terme, est collaboration ; on ne peut travailler que parce que d'autres ont fait leur travail et inversement. Ce qui veut dire que le travail signifie quelque chose d'énorme en termes de relations, de socialisation. Dans les entreprises, on recrute des personnes qui ont vécu différents moments de socialisation. Je regrette qu'il n'y ait pas eu de travaux à ce sujet. Quand on prend un peu de recul, on remarque que le premier lieu de socialisation est la famille ou les structures affectives et qu'en 80 ans les structures familiales ont évolué, avec un impact sur le mode de socialisation et donc sur les attitudes vis-à-vis du travail. On ne peut pas aborder le travail, collaboratif par essence, sans s'interroger sur ce qui se passe à l'extérieur.

Il y a une autre chose à laquelle on ne prête pas attention. L'un des principes de base du professeur de gestion que je suis est que tout salaire mérite travail. Un des enjeux premiers dans le travail est la question de la performance, terme très polémique. Pourquoi va-t-on chaque matin retrouver des gens que l'on n'a pas choisis, qu'on n'aime pas beaucoup en général, avec qui on aimerait faire autre chose, ailleurs et pour plus cher ? C'est bien parce que l'on a quelque chose à accomplir, à réaliser. Il ne faudrait pas réduire la notion de performance à des indicateurs avec lesquels on n'est pas forcément d'accord, l'enjeu est bien d'accomplir quelque chose. La raison d'être d'une organisation est de délivrer à l'extérieur quelque chose qui est recevable à l'extérieur. Étant professeur, la raison d'être de mon institution est d'aider à développer des personnes. C'est ça la performance, ce à quoi l'on doit contribuer. Pourquoi la question du travail nous occupe-t-elle ? Parce qu'au fond de nos représentations, parfois de nos hypothèses pas toujours explicites, on constate la contribution des personnes à la performance, à l'accomplissement de quelque chose. Les recherches nous donnent quelques indications à ce sujet. On nous dit qu'il y a trois manières d'aborder cette question de la contribution des personnes à la performance.

La première est de considérer que, finalement, les personnes ont assez peu d'impact ou, du moins, la performance est peu dépendante des personnes. C'est ce qu'on trouve dans les vieux modèles tayloriens, dans *Les Temps modernes* de Charlie Chaplin. Ces modèles existent encore, mais avec moins de cambouis et de crasse. Ce qui fait la performance, c'est l'organisation, les processus. L'entreprise est peu dépendante de la personne. On pourrait presque se demander si le télétravail ne risque pas de renforcer cette vision de l'organisation. La deuxième vision est de considérer qu'en fait, ce sont certaines individualités, des talents qui vont produire la performance de l'organisation, vision qui est bien dans l'air du temps marqué par l'individualisme. Dans la troisième approche, on considère que ce qui fait la performance, c'est l'engagement dans un projet collectif. La situation est très différente, car on ne peut pas s'engager si on n'y comprend rien.

La situation de nos organisations est aujourd'hui complexe pour de nombreuses raisons. Il n'y a guère que pour la caste managériale que l'économie, l'entreprise, le business est simple. Avez-vous le sentiment que tout le monde comprend réellement ce à quoi il travaille ? Comment s'engager dans un projet collectif si ce n'est pas donnant-donnant, s'il n'y a pas de réciprocité, avec une rétribution, bien, sûr, mais aussi la relation où se fait une expérience quotidienne ? Notre travail se situe dans la qualité de la relation. Ce qui fait d'une journée de travail un enfer, c'est bien souvent dans la relation avec un collaborateur, un collègue, un client. Comment s'engager dans un projet collectif s'il n'y a pas d'appropriation ?

L'enjeu de l'Institut catholique et des Semaines sociales, c'est de réaliser une performance. Vous allez faire les comptes, tirer un bilan de ces journées. En quoi les personnes contribuent ? Est-ce simplement l'action des supplétifs de l'organisation ? Cela ne dépend-il que des individualités ? Est-ce un collectif qui s'engage dans un projet ? Vous vous rendez bien compte que selon la manière dont nous abordons la question de la performance, centrale, nous n'allons pas aborder le travail de la même manière.

Ceci est l'évocation de l'existant, mais vers quoi va-t-on puisqu'il s'agit de retrouver un pouvoir d'agir ? On peut remarquer qu'environ tous les dix ans, un concept s'impose et devient le prisme unique pour aborder la question du travail. Dans les années 1980-90, c'était l'amélioration des conditions de travail. Dans les années 1990 est arrivée la qualité de la vie au travail (QVT) ; on regardait son environnement physique, le temps de travail, les trajets, ce qui était autour de l'activité proprement dite. Dans les année 2000, c'était le *work life*, l'équilibre entre vie professionnelle et vie personnelle. Au cours des années 2010, on parlait du bonheur, du bien-être, du baby-foot, juste avant les *after* du *before*. Quel sera le concept des années 2020, déjà bien entamées ? Je ferai la prédiction que le concept de base sera la qualité du travail au travail (QTT). C'est-à-dire que la question du travail va devenir totalement centrale.

Nous avons eu tendance à penser que la question du travail était derrière nous, que nous l'avions résolue. La productivité augmentait, nous permettant de profiter de ce gain ; nos organisations tournaient bien avec le sentiment de pouvoir tout maîtriser. On savait que le travail était ennuyeux, donc la seule chose à faire était de faire en sorte que ce soit le moins nuisible possible, le moins désagréable.

Je crois que la question du travail est devant et j'en donnerai trois illustrations. Nous vivons dans des sociétés où les besoins sociaux vont croissants, dans la santé, l'éducation, la sécurité et la défense. Il va falloir satisfaire ces besoins et donc que la valeur que crée le travail aille en augmentant. La question de la productivité est devant nous, pas derrière. Il ne s'agira pas simplement de serrer un peu les boulons, ni de faire des ajustements cosmétiques. Il va falloir remettre la question du travail et de son organisation au centre des préoccupations. Cela ne pourra se faire que s'il y a un engagement dans le travail. Il ne suffira pas que du haut descendent des stratégies organisationnelles performantes qui percolent dans les organisations, parce qu'une fois arrivées au sol, le train sera déjà passé depuis longtemps. Cela va concerner tout le monde, pas seulement des dirigeants, des organisateurs ou des ministres. Deuxième illustration à propos de l'IA qui pose encore une question terrible à chacun d'entre nous. : quelle est l'utilité de mon travail par rapport à l'algorithme, au robot ? Nous ne pouvons pas déléguer cette question, chaque parent qui doit conseiller ses enfants sur leurs études est concerné par ce sujet, ainsi que chacun et chacune d'entre nous. Cela remet le travail au centre.

On dit de la société qu'elle est archipellisée, c'est-à-dire avec une difficulté à vivre ensemble. Où apprend-on à vivre ensemble ? Quelle est l'institution première où on apprend à vivre avec des gens qu'on n'a pas choisis ? C'est l'école, mais ce qui dure le plus longtemps, c'est le travail. Une des responsabilités sociales premières de nos institutions n'est-elle pas de permettre à des personnes d'apprendre à vivre avec des gens qu'ils n'ont pas choisis ?

La question du travail n'est pas simplement une question de pouvoir politique, de dirigeants. On ne peut tout mettre sur le dos du système, c'est aussi une question de responsabilité de chacun et chacune d'entre nous dans l'activité qui est la nôtre.

ALBAN SARTORI : Antoine Menard, que pouvez-vous nous dire de l'expérience de Makesense, aussi bien de ce que vous vivez en interne que par le biais des organisations que vous accompagnez ?

ANTOINE MENARD[1] : Les propos de Maurice Thévenet me font penser à une dichotomie intéressante que j'ai découverte récemment, c'est la différence entre travail mort et travail vivant. Le travail mort est un travail désincarné, processisé, prescrit, dans lequel la capacité d'initiative des salariés est plus que limitée. Le travail vivant est celui dans lequel le travailleur va exprimer sa sensibilité, son intelligence collective, sa capacité d'autonomie. Chez Makesense, nous essayons d'insuffler du travail vivant dans les organisations, la nôtre et celles que nous accompagnons. Nous essayons de passer du mort au vivant. On présente rapidement Makesense comme une organisation sans manager, je dirais au contraire que nous sommes tous managers. Rendre le pouvoir d'agir est l'inscription gravée au mur dans nos bureaux. La première chose que nous disons quand nous recrutons quelqu'un, c'est que nous avons confiance en lui, une confiance inconditionnelle. Nous lui affirmons qu'il a la capacité de prendre des décisions, qu'il est libre dans la mesure où il respecte un processus qui s'appelle la sollicitation d'avis pour prendre n'importe quelle décision qui pourrait engager la totalité de la structure. Nous avons une certaine autonomie sur notre travail. Par exemple, chez nous, plus personne ne valide les congés, il n'y a pas de seuil de notes de frais ou d'engagement de dépenses, pas de management ni d'entretien de performance. Mais comment fait-on quand quelqu'un ne respecte pas les règles ? Eh bien, la confiance inconditionnelle première fonctionne et donne de bons résultats aujourd'hui. Si je traduis économiquement la somme des grosses erreurs que j'ai vues chez Makesense en quatre ans, elle est largement inférieure à ce qu'on aurait engagé en utilisant des procédures de contrôle complexes et coûteuses. Le pari de la confiance pour redonner le pouvoir d'agir est donc primordial.

ALBAN SARTORI : Quelles sont les organisations qui viennent vous voir, pour quelles raisons et qu'attendent-elles de votre aide ?

ANTOINE MENARD : Elles sont, en fait, très diverses. Nous avons, par exemple, travaillé avec le ministère de l'Intérieur, qui n'a pas vraiment la même culture que Makesense, mais aussi avec beaucoup de petites associations ayant de 5 à 10 salariés. Ces structures viennent chercher précisément le pouvoir d'action. Elles veulent

---

[1]   Antoine Menard est DRH et directeur administratif et financier de Makesense.

qu'on leur insuffle une certaine énergie, un mode d'organisation. Nous ne sommes pas spécialistes de grand chose, sauf peut-être de l'intelligence collective et des processus d'avancées dans les projets. Pour prendre un exemple concret d'accompagnement, nous devions demander à une structure ayant des milliers d'employés d'essayer de faire émerger des projets pour le développement durable. Nous avons dû commencer par briser un peu les hiérarchies, car la structure avait des strates un peu étanches, dans laquelle des N-2 n'avaient même pas le droit de s'entretenir avec un supérieur hiérarchique. Nous avons établi une sorte de laisser-passer grâce auquel les gens impliqués dans le projet ont eu le droit de se parler, ce qui a déjà été difficile à mettre en place, mais qui a un peu révolutionné le projet.

ALBAN SARTORI : Combien êtes-vous chez Makesense ?

ANTOINE MENARD : Nous sommes 75 en France et une centaine dans le monde car nous avons des antennes au Sénégal, aux Philippines, au Mexique et au Liban.

ALBAN SARTORI : Ander Etxberria, comment fonctionne Mondragon ?

ANDER ETXEBERRIA[1] : Je suis membre associé d'une coopérative siège du groupe Mondragon. Mondragon est une coopérative de 80 000 personnes, dans les domaines industriel, agricole, d'éducation, de crédit, de consommation, de recherche. Toutes les coopératives sont des coopératives de travail associées, c'est-à-dire que si je suis membre d'une coopérative, j'y travaille, j'en suis propriétaire et j'ai le pouvoir. Tous les membres associés ont le pouvoir, utilisé une fois par an lors de l'assemblée générale, à égalité de voix. C'est là que nous prenons les décisions les plus importantes, celles qui affectent le plus notre vie. En cas de problème, avec un seul rassemblement par an, on ne peut pas gérer l'entreprise, donc on élit parmi les membres associés les membres du conseil d'administration, que nous appelons le conseil recteur, deuxième organe le plus important après l'assemblée générale. N'importe quel membre associé peut être élu, mais si je ne sais pas gérer la coopérative, nous avons un problème. Nous allons résoudre le problème en donnant des formations aux membres du CA, mais comme ce n'est pas suffisant, les membres du CA vont choisir un directeur ou une directrice générale, qui va choisir l'équipe de direction. Nous avons donc trois organes principaux : l'assemblée générale, le conseil d'administration et le conseil de direction. Cela signifie que les décisions opérationnelles sont prises par le directeur, le manager, le superviseur, et non par tous les membres. Nous possédons encore un autre organe, le conseil social qui sert de contrepoids, pour équilibrer les pouvoirs. Il se situe entre les conseils d'administration et de direction et le reste des travailleurs et sert de courroie de communication pour améliorer la vie en coopérative. Par ailleurs, Mondragon limite les écarts de salaire : celui du directeur général ne peut pas être plus de six fois supérieur au salaire le plus bas.

---

[1] Ander Etxeberria est directeur de diffusion à la coopérative Mondragon.

Depuis sa création, en 1956, la mission des coopératives de Mondragon est la création d'emplois de qualité. Il y a d'une part la coopérative et d'autre part le groupe. Nous sommes des coopératives amies autonomes, qui sommes ensemble parce que cela est bon pour nous. Dans la coopérative où je travaille, qui est le siège du groupe, nous ne sommes que 60 travailleurs, sur 70 500 travailleurs au sein du groupe. Nous ne sommes que 60 parce que les coopératives sont autonomes et que le pouvoir se situe dans les coopératives, pas au siège du groupe. Si une coopérative veut sortir du groupe, elle peut le faire. Par ailleurs, nous pouvons espérer une répercussion possible sur les régions où sont situées les coopératives. C'est le cas pour la région de Mondragon, dont les revenus familiaux sont les plus élevés au Pays basque, qui est la région d'Espagne où le taux de chômage est le plus bas et où l'investissement en recherche et développement est le plus élevé. C'est aussi la région où les inégalités économiques sont les plus basses, et même l'une des plus basses au monde.

Notons une autre chose moins visible : dans les différents organes que j'ai cités, on apprend à communiquer, à négocier, à gérer des réunions. Et cela rejaillit à l'extérieur de la communauté, car plusieurs membres des coopératives sont aussi membres d'associations culturelles, civiques et sportives. On peut utiliser dans la communauté ce qu'on a appris dans les formations des coopératives.

ALBAN SARTORI : Concernant la taille des organisations, le nombre de coopératives à Mondragon a grandi petit à petit. Quelles ont été les plus grosses difficultés au fil de cette croissance pour rester fidèles à votre projet d'origine ?

ANDER ETXEBERRIA: La difficulté est toujours d'être ensemble. Chaque coopérative a un directeur ou une directrice, un président. Si on forme un groupe, la souveraineté de chaque coopérative va diminuer, ce qui est toujours délicat. Si la première coopérative a été créée en 1956, le premier groupe n'est apparu que dans les années 1960 et le deuxième dix ans après. D'autre part, chaque fois qu'une coopérative quitte le groupe, on retrouve trois caractéristiques qui se vérifient toujours : elle gagne beaucoup d'argent ; elle a un leader charismatique ; ce leader charismatique est un homme. Les nombreuses coopératives qui veulent intégrer Mondragon ont un point en commun ; elles perdent de l'argent.

ALBAN SARTORI : Antoine, quelles sont les difficultés que connaissent vos clients, notamment au fil de leur croissance ? Pourquoi est-ce si difficile de faire confiance ?

ANTOINE MENARD : Bien souvent, les structures qui viennent nous voir ne savent pas par où commencer. Elles fonctionnent d'une certaine manière et ne savent pas comment modifier leurs pratiques pour insuffler de la confiance. Je déconseille la méthode de Makesense qui a voulu mettre en place le système du jour au lendemain, en novembre 2018, ce qui a été un peu compliqué. Dans cette période de transition, on constate qu'environ 30 % des personnes qui avaient des positions de management intermédiaires ont quitté l'entreprise à ce moment-là. La transformation était trop rude à soutenir, ne correspondait pas à ce qu'ils avaient envie de faire, ni à la raison pour laquelle ils avaient été engagés. Ce qui n'est pas forcément un mal pour le futur de l'organisation. En fait, il faut commencer par des petits pas, voir si on peut se mettre d'accord sur les petits sujets tels que le lieu d'un prochain séminaire ou les achats de fournitures, pour s'entraîner à mettre en place des processus. La sollicitation d'avis est un processus de décision très centré sur la confiance qu'on s'accorde les uns aux autres, sur la prise d'avis ; c'est très organisé et cela fonctionne très bien. Je conseille aux structures qui ont un mode de fonctionnement très différent de casser ce mode de prise de décision, d'en faire l'évaluation et d'en tirer un bilan. On peut changer au sein d'une équipe sans attendre que la totalité de la structure change. Je me souviens – même si ce n'est pas nous qui les avons accompagnés – d'une équipe de finance assez restreinte chez Danone qui s'est lancée dans la sollicitation d'avis, la confiance, etc., ce qui a créé une sorte de bulle au fonctionnement différent.

ALBAN SARTORI: Maurice, quelle est la solution quand on est grand ou gros ?

MAURICE THÉVENET : Il existe une chose qui apporte une confiance potentielle ou du potentiel à la confiance : plus on a le sentiment de partager quelque chose avec quelqu'un, plus on a tendance à lui faire confiance. Comme lorsqu'on voyage à l'étranger et qu'on rencontre des Français, on va plus vite faire confiance, à tort ou à raison. Nous ne travaillons jamais suffisamment sur ce que nous avons en commun. C'est plus facile avec de petites équipes ou des entreprises de petite taille parce que le commun est plus apparent. Dans les organisations très processées comme aujourd'hui, ce commun disparaît un peu ou est plus difficile à saisir.

Débat

TABLE DES QUESTIONS : *Maurice Thévenet, les tendances actuelles ne vont pas vers une hausse de la productivité. Comment avoir confiance dans cette hausse de la productivité sans qu'elle ne se fasse au détriment des travailleurs ?*

MAURICE THÉVENET : C'est autour du dialogue que cela pourra se faire. Un dénommé Gary Hamel vient de publier un livre, *Humanocracy* (non traduit). Cet homme correspond au modèle des technocrates qui ont peuplé notre monde managérial, de ces gens qui, depuis des décennies, avec beaucoup de succès, nous ont donné les moyens de concevoir, au niveau le plus élevé de toutes nos organisations, des stratégies qu'il suffisait de déployer. J'appelle cela le summum de la technocratie. Dans son livre, Hamel explique que nous sommes face à des transformations tellement urgentes et profondes que nous n'aurons pas le temps d'attendre que les stratégies développées au sommet descendent jusqu'en bas. Il va falloir qu'à chaque niveau d'une organisation on puisse prendre des initiatives pour travailler ensemble de manière suffisamment imaginative et en ligne avec ce qu'il faut faire. Il faut donc travailler à cet engagement dans une logique de dialogue. Concernant la hausse de productivité, la question qui se pose en premier est de savoir comment créer de la valeur. Avec pour questions subsidiaires : à qui est-elle destinée ? Comment est-elle répartie ?

– Ander, quel regard les autorités politiques et le monde économique portent sur votre organisation ? N'est-ce qu'une particularité basque ou êtes-vous porteur d'une vision plus large ?

ANDER ETXEBERRIA : Tous les partis politiques ont de bonnes relations avec Mondragon et inversement. Ils veulent tous créer une société meilleure et Mondragon le fait, surtout avec les emplois de qualité. Pour les pouvoirs économiques, cela peut être instructif ou un péril. On a tendance à présenter Mondragon comme quelque chose de romantique, un peu freaky, qui ne peut se produire qu'au Pays basque avec son histoire et sa langue millénaires, raison pour laquelle nous sommes très connus dans le monde. La bonne nouvelle est que nous sommes des personnes normales, avec des problèmes normaux et que les coopératives fonctionnent avec des personnes normales, sans idéologie particulière, mais avec du cœur et du courage.

– Certains semainiers dédient à Antoine cette citation du cardinal de Rey : « On est plus souvent dupé par la défiance que par la confiance. » Comment traitez-vous la violence, les conflits, le harcèlement chez Makesense ?

ANTOINE MENARD : Nous n'avons jamais connu de cas de harcèlement chez nous, mais nous sommes aussi des personnes normales, comme chez Mondragon. Effectivement, nous avons des conflits, nous ne sommes pas d'accord sur tout, et ce n'est pas grave. Dès notre parcours d'intégration, nous avons des formations sur des sujets tels que la communication non violente, la manière de se faire des *feedbacks*, mais aussi de se connaître soi-même, d'identifier nos besoins, ce que nous attendons du travail, du collectif, la façon de se positionner par rapport aux gens qui nous entourent. Ensuite, nous avons plusieurs échelons. Le premier, lors d'un conflit interpersonnel, est de dire aux gens qu'ils sont majeurs et vaccinés et qu'ils discutent ensemble en s'aidant des outils auxquels ils ont été formés. La deuxième étape revient en interne à des médiateurs formés à des processus de médiation qui vont pouvoir soutenir la parole, créer un tiers. On peut aussi aller chercher des médiateurs externes qui ne sont pas meilleurs, mais ont l'avantage de ne pas appartenir à l'entreprise. Généralement, cela fonctionne plutôt bien.

– Comment faire pour que des personnes en souffrance ou en perte de sens puissent retrouver du pouvoir d'agir dans leur entreprise sans être obligées de la quitter ?

ANDER ETXEBERRIA : Dans notre cas, nous avons recours à la communication. Dans chaque coopérative, il y a une réunion tous les 8 ou 10 jours sur des sujets techniques qui permet de savoir ce qu'on est en train de faire. Et une réunion par mois pour les sujets sociaux ou de business. Là, on partage tout, tout est transparent, sauf en cas de problème personnel. Le conseil social transmet les problèmes de la base à la direction qui apporte des réponses.

MAURICE THÉVENET : Cela renvoie à ce que j'appelle les zones blanches dans les carrières, très fréquentes aujourd'hui. Je rencontre beaucoup de personnes qui sont en zone blanche en termes de carrière. Elles ne savent plus où elles en sont, elles ne se sentent connectées à rien, et peuvent avoir envie de se mettre en dehors. C'est peut-être dû à une vision anthropologiquement un peu naïve de ce que devrait être le travail, une période de 160 ou 180 trimestres d'intensité égale. Mais ce n'est pas la vie. Il est nécessaire d'aider les gens à étudier la situation avant d'aller voir ailleurs, de s'interroger sur ce qu'on découvre dans le travail. La notion de découverte est absente de notre rapport au travail. Rétrospectivement, ce qu'on voit de notre travail actuel n'est pas ce qu'on imaginait y trouver au début. Comment peut-on faire passer, dans nos modes de management ou de gestion des ressources, l'idée que le travail, c'est avant tout de la découverte ?

– Comment voyez-vous l'arbitrage entre compétence et pouvoir ?

ANTOINE MENARD : On pourrait répondre qu'on n'a aucun pouvoir ou qu'on en a plein, et que les compétences émergent à partir de cela. Nous, nous n'avons pas de pouvoir a priori, nous n'avons pas d'organes, pas de N+1, personne pour nous prescrire quel travail nous devons faire. On peut donc dire que, d'un côté, on n'a pas de pouvoir mais que, de l'autre, on a tout pouvoir. À partir du moment où je sollicite l'avis de mes collègues, ceux qui sont plus particulièrement compétents sur le sujet et ceux qui seront impactés par la décision que je prendrai, je peux prendre une décision dans n'importe quel domaine de Makesense. Ce pouvoir d'agir n'est pas dans un continuum plat. Je vais avoir beaucoup de pouvoir sur certains sujets parce que je vais être le chef d'entreprise sur un sujet dans lequel je suis compétent, et puis je vais retourner dans le lot. Au cours d'une journée, je peux passer d'une réunion où je suis N-12, parce que je viens juste pour m'informer, au rôle de chef d'entreprise parce qu'on parle d'un des projets sur lequel je mène une sollicitation d'avis, et ainsi de suite. Je peux en une journée avoir porté cinq casquettes différentes en étant passé par tous les stades de l'entreprise et donc avoir plus ou moins de pouvoir.

Regards croisés avec les députés membres du groupe de réflexion transpartisan « Travail en commun ! »

ASTRID PANOSYAN-BOUVET
DOMINIQUE POTIER
STÉPHANE VIRY

ISABELLE DE GAULMYN : Vous avez tous les trois participé à ce groupe inter-parlementaire autour de la question du travail. Pourquoi avez-vous ressenti ce besoin de parler du travail ? Qu'est-ce qui vous a motivés ? Qu'attendez-vous de cette initiative ?

ASTRID PANOSYAN-BOUVET[1] : Je suis ici, non pas en tant que ministre actuelle, mais d'abord en tant qu'ancienne parlementaire. J'avais souhaité avec Dominique et Stéphane créer ce groupe que nous avons appelé « Travail en commun ! », parce qu'il nous semblait essentiel de remettre la question du travail dans le débat public. Cette question était quelque peu préemptée par ceux qui parlent de droit à la paresse, ou d'aliénation alors que nous, nous croyons au travail.Il est ce commun que l'on partage comme un lieu où se projeter dans l'avenir, où créer de l'estime de soi et de la considération, un lieu du lien social. Sur la base du travail réalisé par des chercheurs, des scientifiques, des acteurs de la société civile et des partenaires sociaux, nous souhaitions à la fois faire un état des lieux avec ces regards croisés et déboucher éventuellement sur des propositions législatives répondant à ces problématiques, notamment sur la question de l'écoute et de la considération.

DOMINIQUE POTIER[2] : Nous avons été une quarantaine de parlementaires à participer plus ou moins régulièrement à nos réunions hebdomadaires. Ce type d'initiative

---

[1]   Astrid Panosyan-Bouvet est ministre chargée du Travail et de l'Emploi.

[2]   Dominique Potier est député de Meurthe-et-Moselle et président d'Esprit civique.

retentit au-delà des participants et envoie un signal. Nous avions une majorité relative à l'Assemblée et cherchions à savoir s'il était possible d'avoir un socle commun pour que le pays puisse être gouverné et retrouve un peu d'espérance dans notre société. Cette initiative transpartisane un peu atypique, mais pas isolée, portait sur un sujet central, un peu orphelin, et a eu un certain retentissement, intéressant un spectre politique assez large. Nous avions de quoi dégager une majorité d'idées, sans être d'accord sur tout, mais qui nous permettait de nous rassembler autour d'une esquisse de lois. Ce n'était pas la révolution dont je rêve, mais une façon de faire vivre cette question du travail comme un processus qui pouvait générer d'autres initiatives. Je crois à cette logique des processus, permettant de penser des réformes qui vont associer la force du droit, la puissance publique, mais également, dans une visée personnaliste, la capacité de l'entreprise et des personnes à participer au changement souhaité. En 2023, lors de l'université d'été d'Esprit civique à Cluny, nous avions réuni Jean-Noël Barrot et François Ruffin qui avait introduit son propos en déclarant que la question des congés, des horaires, des salaires était omniprésente dans les discussions politiques et syndicales, laissant la question du travail orpheline, alors qu'elle est devenue centrale.

Isabelle de Gaulmyn : Stéphane Viry, cela correspond-il à ce que vous avez pu remarquer dans votre circonscription ?

Stéphane Viry[1] : Je rejoins les propos d'Astrid et Dominique sur le contexte, à la fin de l'été 2023, qui voit une Assemblée nationale très bruyante. Nous n'y trouvons pas forcément notre chemin et cela nous donne envie de préfigurer une forme de stabilité du pays. Nous avons des convictions politiques différentes et travaillons dans des groupes différents, ce qui nous n'empêche pas de nous mettre d'accord sur un chemin, sans renier nos convictions et appartenances politiques. Tous les mardis, nous avons conduit des auditions avec celles et ceux qui ont déjà très largement questionné le travail, dont Sophie Thiéry qui a été la première auditionnée. Nous voulions sortir du dogme de l'emploi pour revenir sur la question du travail. Depuis 20 ans, en France, on n'a eu de cesse de mettre les gens au boulot, de lutter contre le chômage, en faisant fi de ce qu'était le travail. Je suis donc ravi que le curseur se soit un peu déplacé.

Dans ma circonscription, je sens une frange de plus en plus massive de la population qui veut sortir de ce fracas, de ce danger pour la cohésion sociale et pour la démocratie. On m'invite depuis des mois à travailler avec les autres, à faire fi de mon appartenance politique. Je crois que notre pays est en danger, que les crises sont multiples, durables et que l'histoire va nous juger. Nous ne sommes pas parlementaires pour être les porte-voix d'un parti politique. Mais nous pouvons réfléchir à une façon de gouverner qui amène de la stabilité et permette de faire avancer des causes,

---

[1] Stéphane Viry est député des Vosges.

notamment celle de la lutte contre l'exclusion, à laquelle le travail participe. Je me suis donc engagé avec enthousiasme et j'ai eu, lors des restitutions, en mai 2024, le sentiment de faire face à un beau challenge mais aussi la frustration de ne pas avoir pu le concrétiser en raison de la dissolution.

Isabelle de Gaulmyn : Vous avez mené quinze auditions. Que vous est-il apparu de commun ?

Stéphane Viry : Pour moi, c'est la nécessité de dialoguer à nouveau dans l'entreprise et d'instaurer un dialogue professionnel plutôt que social. Hors des organes représentatifs, qui fonctionnent bien ou mal, un lien direct entre dirigeants et salariés devrait être institué ou réorganisé pour discuter, participer à la vie de l'entreprise, faire des choix communs. Il faut renouer le dialogue au plus près des réalités du quotidien pour redonner du sens à l'entreprise.

Astrid Panosyan-Bouvet : La place du dialogue et de l'écoute a été l'objet de notre proposition de loi. Il faut noter que plus de la moitié des pays de l'Union européenne ont une participation des salariés dans les conseils d'administration beaucoup plus active et plus importante que la nôtre, malgré les progrès accomplis avec la loi Pacte. Il faut effectivement encourager un dialogue professionnel, notamment en réanimant la libre expression directe des salariés, un peu oubliée dans les lois Auroux de 1981. On constate que les organisations plus performantes sont celles qui accordent davantage d'autonomie aux salariés, notamment sur la question du temps, des plannings. C'est le cas dans les associations d'aide à domicile, par exemple. Cela passe par du temps partagé où on peut discuter de sujets tels que la prévention et les bons gestes professionnels.

Un deuxième point a émergé de ces auditions : les nouvelles pénibilités, notamment dans le monde des services. Nos nouveaux ouvriers sont caristes, transporteurs, aides à domicile, caissières, qui subissent des usures professionnelles collectivement moins bien appréhendées que dans l'industrie. Ces questions ont émergé sur les ronds-points lors de la crise des Gilets jaunes.

Un troisième point concerne l'organisation du travail, au-delà de la taylorisation qui a été largement étudiée. Aujourd'hui, 40 % des managers sont des « planneurs », coincés devant leur feuille Excel ou leur Powerpoint, occupés à planifier plutôt qu'à exercer le *lean management*[1], générant un sentiment de vide. Les auditions ont permis aussi de faire émerger ces problèmes de maîtrise des horaires, du temps partiel subi, et de les porter dans le domaine public.

Dominique Potier : Je partage ces visées sur le dialogue professionnel en direct, de participation à la vie de l'entreprise. J'ajouterais un renforcement de la participation

---

[1] *Lean management* désigne une méthode d'organisation du travail et de management dont l'objectif est d'améliorer la performance d'une entreprise en éliminant les coûts superflus et en limitant le gaspillage des ressources. C'est une démarche de long terme qui s'inscrit dans un processus d'amélioration continue.

des salariés aux comités de rémunération et un abaissement des seuils de la co-détermination[1]. Je fais partie d'un groupe qui pousse l'idée d'une co-détermination sur le modèle rhénan, c'est-à-dire avec des conseils d'administration ou de surveillance composés pour moitié de salariés, en y allant par étapes. Cette absence de démocratie économique pèse non seulement sur le dialogue social et le partage de la valeur, mais également sur le dialogue stratégique. Nous serions plus puissants si nous étions capables de faire des accords entre les détenteurs du capital et les parties constituantes que sont les salariés. Cette petite révolution ne coûte rien d'autre que de la volonté politique. Quand on parle de démocratie au travail, on parle de démocratie de manière fondamentale. L'étymologiste Mariette Darrigrand dit que le verbe grec qui signifie partage de la terre serait à l'origine du mot démocratie. La démocratie est fondée sur notre capacité à partager la ressource mère, la terre, et par extension toute forme de richesse.. Il ne peut y avoir de démocratie si elle ne vise pas à une juste répartition de la valeur.

ISABELLE DE GAULMYN : Selon vous, y a-t-il un problème de management en France ?

STÉPHANE VIRY : Des 15 auditions que nous avons conduites, il est ressorti la nécessité d'une nouvelle politique managériale en France. La ressource humaine étant de plus en plus rare avec la baisse du chômage, elle redevient un capital humain qui nécessite de la bienveillance pour le fidéliser et lui redonner un peu d'enthousiasme, ce qui nous ramène au sens du travail.

La subordination est un autre point qui mérite d'être réinterrogé, peut-être faudrait-il revisiter notre code du travail qui place la subordination comme un élément essentiel. On pourrait trouver un accord entre les parties, sans mettre la subordination au rang de l'aliénation, mais en la rendant plus interactive. Les pratiques managériales doivent évoluer, notamment avec les jeunes qui ont une approche différente à l'égard du travail.

ISABELLE DE GAULMYN : Les sondages montrent que les Français sont de moins en moins attachés à leur travail, qu'ils sont nombreux à vouloir en changer et que le lien entre le salarié et son entreprise est beaucoup moins fort aujourd'hui. L'étude du Cévipof sur les fractures françaises, renouvelée chaque année, montre de manière récurrente la centralité que conserve le travail dans la vie des Français, mais que, comparé à leurs homologues allemands, anglais, italiens, ils ont le sentiment d'une moindre reconnaissance et considération.

ASTRID PANOSYAN-BOUVET : Il y a un problème de culture managériale, mais la loi ne peut pas changer les pratiques. En tant que femme d'entreprise, je sais que c'est ce qu'il y a de plus difficile à changer. La verticalité du pouvoir s'exerce en

---

[1] La codétermination désigne la présence des représentants des salariés dans les conseils d'administration ou de surveillance des entreprises, que ce soit sur le mode allemand (une moitié de représentants salariés dans les grandes entreprises) ou scandinave (un tiers de représentants dans les plus petites entreprises), ou selon des formes intermédiaires.

France un peu partout et on constate que les entreprises qui fidélisent le mieux sont celles qui accordent davantage d'autonomie et de responsabilisation aux salariés et qui trouvent des systèmes d'écoute et de reconnaissance. Ce n'est pas une fatalité et j'espère que les choses vont changer avec de nouvelles générations de managers.

DOMINIQUE POTIER : L'économie sociale, très avancée comme celle de Mondragon ou dans les coopératives agricoles que je connais en tant qu'agriculteur, montre qu'il n'y a pas de lien entre la concentration du capital, sa rente, et la performance de l'entreprise. C'est une fiction libérale qu'il convient de démonter. Les systèmes coopératifs, qui sont pour moi la référence, montrent que la performance économique peut être fondée sur un partage du pouvoir et de l'avoir au sein de l'entreprise. J'ai vécu ma vie professionnelle dans ce cadre et nous n'étions pas moins performants que nos voisins. Nous avions des écarts de salaire de un à un, alors qu'une partie d'entre eux sous-traitaient une partie de leur activité et faisaient de l'optimisation fiscale. En bilan économique, social et environnemental, je suis persuadé que ce modèle coopératif respectueux des limites planétaires, de la responsabilité sociale et environnementale, offre une triple performance. C'est un cheminement que le droit peut favoriser, mais c'est avant tout une révolution culturelle des salariés, des managers et des dirigeants.

Ce qui nous a réunis est le constat d'une hyper fragmentation du travail. Les mécanismes de sous-traitance en cascade se sont accélérés. Quand on a la chance d'avoir un travail, il faut pouvoir en dire le sens, en parler avec fierté. De plus en plus de personnes ont du mal à raconter leur boulot, car c'est un petit bout d'une fonction de quelque chose qu'on ne maîtrise plus du tout. Redécouvrir le travail comme une œuvre et dire sa propre contribution à cette œuvre devrait être une ambition de la République. Cette œuvre-là, qui contribue à la dignité de la personne humaine, ne peut pas être dissociée, à l'heure de l'anthropocène, du respect d'une durabilité de notre planète et du respect universel du travail « ailleurs », c'est-à-dire la sous-traitance internationale qui abîme le sens du travail dans notre société.

ISABELLE DE GAULMYN : Vous êtes-vous opposés sur certains sujets ?

STÉPHANE VIRY : Nous avons travaillé ensemble de façon assez méthodique et structurée avec une triple idée qui a fait consensus : pouvoir amender ensemble un projet de loi, ce que nous n'avons pas eu l'occasion de faire ; rédiger des propositions de loi, ce que nous avions commencé à faire avant la dissolution ; apporter une contribution au débat sur le sujet. Je mettrai une pierre dans le jardin de Dominique à propos de l'organisation de la semaine de quatre jours sur laquelle j'ai travaillé dans le cadre d'une mission parlementaire. J'en ai déduit qu'il ne faut pas de loi pour imposer ou non ce modèle, car, en fait, partout où elle a été mise en place, cela s'est globalement bien passé. Pour que cela fonctionne, il faut un accord de toutes les parties prenantes de l'entreprise sur la façon de l'organiser. On en revient au dialogue professionnel. Par ailleurs, on s'aperçoit que c'est accessible à toutes les entreprises, quel que soit le secteur d'activité : le tertiaire, l'industrie ou les travaux publics. En termes de performance économique, on constate que ces expérimentations ne se traduisent pas par une baisse de la rentabilité. On peut donc demander aux branches d'accélérer les discussions pour y parvenir là où c'est possible. Dégager un jour par semaine peut permettre un changement profond de l'organisation de notre société.

ASTRID PANOSYAN-BOUVET : Avec Michel Barnier, malgré des positions différentes, nous avons partagé la conviction de l'importance attachée au dialogue social, actant que la loi ne peut pas tout faire et que les partenaires sociaux ont leur mot à dire sur la réalité du monde, du travail, des contraintes qui pèsent sur les entreprises, et aussi sur la nécessité de donner du sens et de l'engagement au travail. Nous avons pu avancer avec les partenaires sociaux sur deux accords importants sur la réforme de l'assurance chômage et la question des seniors. Nous avons donc décidé avec Michel Barnier de ne pas remettre en question l'allocation de solidarité spécifique (ASS) qui concerne essentiellement les travailleurs âgés, faisant le pont entre le chômage en fin de droit et la retraite, et dont la suppression aurait entraîné une augmentation de 0,15 points du taux de pauvreté dans notre pays. Nous partageons aussi le sentiment que tout le monde a un rôle à jouer. Nous avons des convictions partagées qui permettent de faire un bout de chemin ensemble. Ces convictions ne font pas l'unanimité car certains arguent que le dialogue social prend du temps, que la représentativité n'est pas réelle, que l'ASS relève de l'assistanat. Il y a des postulats de base, plus partagés qu'on ne le croit, notamment sur la question sociale, de la dignité de chacun, qui peuvent nous permettre, au-delà des postures, d'avancer.

DOMINIQUE POTIER : Quand j'ai fait campagne en 2012, les lois Aubry étaient encore prégnantes et je défendais l'idée que, par rapport aux 39 heures, il y avait 35 heures de travail pour soi et 4 heures pour et avec les autres, d'engagements divers. Pour moi, ce temps libre doit être un temps citoyen, pour refaire société. Ce n'est pas à la loi de décider qu'on doit travailler quatre ou cinq jours, parfois six, ou une semaine sur deux. Là où je mettrais un bémol, c'est qu'il faudrait des accords de filières plus solides qu'aujourd'hui, sinon, on laisse de côté les plus fragiles, notamment les métiers de la sous-traitance qui sont méprisés. Les multinationales, les sociétés de finance ou de conseils peuvent faire des accords de 4 jours, ou même 3 jours comme le font certaines professions libérales qui gagnent beaucoup d'argent, mais on laisse tomber tous ceux qui sont dans les PME, les sous-traitants et ceux qui ne gagnent pas le revenu médian. Je suis d'accord pour cette liberté d'organisation, mais sous couvert d'accords de branches qui portent les plus fragiles. Sinon, on crée une société à deux vitesses, avec d'un côté ceux qui ont la liberté de jouir de la vie avec un travail choisi et de l'autre ceux qui ont un travail subi et n'ont pas de maîtrise sur leur vie.

Un point de controverse sur lequel nous n'avons pas avancé est le partage de la rémunération. Nous avons une grande déformation du rapport capital/travail, mais aussi au sein du monde du travail, ce qui se constate non pas dans les déciles de population, mais dans les centiles. J'ai porté une proposition qui avait une vertu surtout pédagogique et que m'avait soufflée un cadre de la CFDT : au-delà de 12 fois le Smic, les charges salariales ne sont plus prises en compte dans le calcul de l'impôt sur les sociétés, ce qui génère autant d'argent que l'impôt sur la fortune et ne concerne qu'un Français sur 300. Cela dégage 2,4 milliards pour le budget public. Autre perspective : si l'on redistribue ces 9 milliards payés au-delà de 12 fois le Smic au premier décile, cela fait 300 €, ce qui change la vie pour les études des enfants, la nourriture-santé, l'isolation thermique, une mobilité durable. Ce sont des choix de société. Quand un Français sur 300 choisit de gagner plus de 12 fois le Smic, il empêche, à compétitivité égale, les travailleurs pauvres du premier décile d'accéder à la dignité d'une vie normale.

STÉPHANE VIRY : Si on cherche des points de divergence, nous aurions peut-être avec Dominique une différence d'appréciation. En tant que député de droite, j'ai un prisme de lecture de l'économie où la place du capital, les notions de compétitivité et de rentabilité sont assez prégnantes. Avant de redistribuer, il faut s'assurer que nos entreprises sont en état de fonctionner, qu'elles dégagent ce qu'il faut pour avancer. Mais ce que vient de dire Dominique ne me choque pas, même si je ne l'écrirai pas de la même façon. N'oublions pas que le travail, en France, finance la protection sociale. Ce système est financé – de moins en moins, ce qui peut poser problème – par des cotisations sociales sur le travail. Plus on a des hommes et des femmes en situation de travail, plus on peut consolider la solidarité et ce système social que beaucoup de pays nous envient. Replacer la question du travail au cœur du réacteur politique me paraît prioritaire.

DOMINIQUE POTIER : Le travail ne peut pas être dissocié de la réflexion sur l'entreprise. Et on ne peut pas penser la France en dehors de l'Europe. La directive CSRD[1] dit que le *reporting* extra financier, nouvelle comptabilité sociale et environnementale de l'entreprise, devient une norme européenne. Une autre directive sortie il y a un an dit qu'on n'a pas le droit de faire n'importe quoi avec nos sous-traitants et nos filiales, qu'on est responsable et qu'il y a un devoir de vigilance. Ces deux directives sont fortement attaquées aujourd'hui. On entend qu'il faut faire une pause sur ces directives qui sont des boulets pour l'économie française et européenne. Je pense, au contraire, qu'elles sont leur chance dans la compétition mondiale face à la Chine et aux États-Unis, la manière d'afficher un *ethos* européen.

---

[1] La CSRD (Corporate Sustainability Reporting Directive) doit s'appliquer progressivement depuis le 1er janvier 2024. L'objectif principal de la CSRD est d'harmoniser le reporting de durabilité des entreprises et d'améliorer la disponibilité et la qualité des données ESG (Environnement, Social et Gouvernance) publiées. Ces données indiquent où les entreprises se situent sur l'échelle du développement durable. Le renforcement des exigences de reporting de durabilité des sociétés est un élément clé du Pacte vert pour l'Europe.

Pour clore cet échange entre les trois députés fondateurs du groupe de travail transpartisan « Travail en commun ! », les Semaines sociales de France ont invité la ministre du Travail et de l'Emploi à nous partager sa vision et ses convictions concernant le travail.

ASTRID PANOSYAN-BOUVET - DISCOURS

Je me présente devant vous sous l'amicale pression de Dominique Potier. Par respect pour le travail parlementaire transpartisan que nous venons d'évoquer, Dominique, Stéphane et moi, je me devais de venir. J'avais manqué un premier rendez vous à Cluny fin septembre. J'ai droit à une deuxième chance. Je la saisis donc aujourd'hui. Je la saisis avec d'autant plus d'enthousiasme qu'elle me donne l'occasion de m'exprimer lors de cette rencontre des Semaines sociales. La 98e ! De son côté, le ministère du Travail a 118 ans : il a été créé en 1906. Votre mouvement, comme l'institution que je représente aujourd'hui, a traversé le siècle. Ce nombre impressionnant pousse à l'humilité et nous invite à inscrire nos pas dans ceux de nos prédécesseurs. Je saisis cette chance de m'exprimer devant vous, parce que des amis proches ont fait une partie de leur éducation avec les Semaines sociales, notamment à Lyon. Mon parcours personnel est différent, mais je mesure tout que ce que le catholicisme social, puis la démocratie chrétienne ont apporté à notre pays, leur contribution aux évolutions de la société. Je mesure le rôle que joue, depuis cent ans, votre mouvement qui contribue à la vitalité de la pensée sociale chrétienne, qui fait réfléchir, qui organise des rencontres, édite et publie, un mouvement qui est un moteur d'engagement dans la cité, souvent pour les autres et toujours pour le bien commun.

Depuis hier, plusieurs centaines de personnes débattent et réfléchissent, guidées par une question faussement simple : pourquoi allons-nous travailler ? J'apprécie beaucoup cette formule, moins angoissante et en tout cas moins écrasante qu'un « pourquoi travaillons-nous ? ». Ce verbe « aller » donne du mouvement et de la chair. Il me fait penser à cette distinction que nous a léguée Hannah Arendt : travail, œuvre, action. Arendt distinguait la dimension répétitive et nécessaire du travail dans sa fonction vitale et biologique : celui auquel nous nous rendons tous les jours, celui auquel nous devons aller ; l'œuvre, parce qu'en travaillant, nous construisons et nous contribuons à quelque chose de durable qui nous dépasse et nous prolonge ; enfin l'action parce que nous travaillons rarement seul, nous le faisons à plusieurs, nous nous inscrivons dans des collectifs de travail, nous parlons, nous échangeons et nous créons un chemin. Vous avez mobilisé des chercheurs, des acteurs, des experts et des témoins pour répondre à cette question. Je ne vais pas prétendre leur faire concurrence, mais je vais donc répondre moi aussi à cette question : en tant que ministre du Travail pourquoi JE vais au travail, en partageant avec vous cinq convictions qui me guident quand je pars le matin.

Ma première conviction – qui est le moteur de mon engagement politique, comme, je n'en doute pas, celui de Dominique et Stéphane –, c'est que chacun a, par sa singularité et son humanité, quelque chose à apporter au monde. Et que le travail joue un rôle essentiel dans cette contribution que chacun peut apporter. Par sa fonction vitale et biologique, comme le formulait Hannah Arendt, mais aussi parce que le travail est créateur d'estime de soi, de reconnaissance et de considération. Et enfin parce que le travail est créateur de lien social et d'altérité, en ce sens qu'il contribue à nous ouvrir au monde. Le travail fait partie de ces « milieux naturels » chers à la philosophe Simone Weil – et il me plaît de parler de cette grande philosophe lors de cette Semaine sociale – quand elle écrit : « L'âme humaine a besoin par dessus tout d'être enracinée dans plusieurs milieux naturels et de communiquer avec l'univers à travers eux. » C'est toute la force de la pensée de Hannah Arendt et Simone Weil d'aller bien au-delà des marxistes et des libéraux quand elles parlent de travail. Ce n'est pas que le lieu de la production, de la consommation et de l'investissement. C'est aussi celui de notre être au monde et de notre capacité à nous projeter. Et donc, comme ministre, aller au travail, c'est revenir aux fondamentaux de ce qu'est un travail : le contributeur d'une vie décente. Et la décence, ce n'est pas une valeur désuète, c'est aujourd'hui une valeur qui gagne à être portée, dans la société comme en politique. C'est un facteur essentiel d'estime de soi et de considération, une fabrique de lien social. Et c'est précisément aussi parce que nombre de nos concitoyens ne se retrouvent plus dans ces fondamentaux qu'ils éprouvent une perte de sens et d'engagement dans la centralité donnée au travail. Qu'ils peuvent ressentir comme une promesse creuse l'émancipation individuelle du travail quand le compte n'y est pas. Qu'ils peuvent être attirés par les discours sur l'aliénation et l'exploitation, ou du droit à la paresse.

Ma deuxième conviction quand je vais au travail le matin, c'est que la quantité de travail d'un pays est un des facteurs principaux de sa richesse et de son indépendance. La France est le pays qui travaille le moins de l'OCDE : 664 heures par Français et par an, contre 730 heures en Allemagne et 770 heures dans la moyenne de l'Union européenne et plus de 830 heures aux États-Unis. Mais la durée annuelle n'est pas véritablement le problème, même si le débat politique et médiatique achoppe aujourd'hui là-dessus. Certes, les travailleurs français à temps complet travaillent moins que leurs homologues européens, mais le temps partiel y est moins développé et les travailleurs indépendants travaillent plus qu'à l'étranger. Le sujet, c'est le travail tout au long de la vie car nous entrons plus tard sur le marché du travail et nous en sortons plus tôt, car depuis les premières pré-retraites de Raymond Barre, nous nous sommes collectivement habitués dans notre pays à croire dans l'illusion que faire sortir les seniors du monde de l'entreprise aiderait à y faire entrer les jeunes. D'où l'enjeu fondamental d'une meilleure insertion professionnelle des jeunes de notre pays qui compte 1,2 millions de NEET (ni en emploi ni en formation ni en études). L'apprentissage a été une vraie révolution culturelle pour montrer que c'est une voie royale – quel que soit le niveau de qualification – pour mieux s'insérer dans le monde du travail. Dans un pays qui a le culte du diplôme, qui privilégie injustement l'intelligence cognitive au détriment de l'intelligence du cœur et celle de la main – comme si ces intelligences étaient mutuellement exclusives –, c'est un sacré changement. Il faut poursuivre résolument sur cette voie. Et le maintien des seniors dans l'emploi reste un enjeu fondamental qui ne trouvera qu'en partie sa réponse à travers le report de deux ans de l'âge de la retraite. Je salue la responsabilité des partenaires sociaux qui ont signé un accord ambitieux qui peut faire changer les lignes si nous poursuivons l'effort. Mais la question des seniors viendra aussi d'un changement culturel du regard de la société toute entière sur la question.

Nous devons poursuivre l'effort d'aller chercher ceux qui sont durablement éloignés du monde du travail comme les bénéficiaires du RSA : l'expérimentation du dispositif d'accompagnement dans 38 départements depuis un an a permis la sortie du RSA de 42 % des bénéficiaires qui ont, en outre, gagné en estime de soi et se sont sentis considérés. Elle sera généralisée à partir du 1er janvier 2025. Concernant les personnes en situation de handicap, nous avons fait des progrès, mais nous sommes en retard avec un taux d'activité de 46 % contre 51 % en moyenne, en Europe. L'enjeu est aussi d'aider les travailleurs à se déclarer en situation de handicap en entreprise, à charge pour celle-ci de créer des lieux de confiance qui les incitent à le faire sans créer la stigmatisation ou la commisération.

Ma troisième conviction en tant que ministre du Travail, c'est que pour travailler plus et plus longtemps, encore faut il pouvoir « sortir du travail qui ne paie plus » pour reprendre le titre du livre d'Antoine Foucher[1] qui en est à sa 4e réédition ce qui montre le succès et l'engouement pour la question. Au rythme actuel du pouvoir d'achat, il montre qu'il faudrait 80 ans pour doubler son pouvoir d'achat en travaillant contre 15 ans dans les années 1950-1970. Travailler ne permet plus à la majorité de nos concitoyens de changer de niveau de vie. Et là nous arrivons au problème spécifiquement français : le financement de la protection sociale pèse de manière anormalement élevée sur le travail qui fatigue ; nous avons l'écart le plus élevé en Europe entre le super brut payé par l'employeur et le net perçu par le salarié. Pour soutenir l'emploi des non qualifiés et la compétitivité des emplois industriels, les gouvernements successifs ont allégé depuis 30 ans les cotisations patronales. Cela se justifiait parfaitement mais aboutit aujourd'hui à des coûts irraisonnables : 80 milliards d'euros en tout en 2024 soit 1,5 fois le budget de l'Éducation nationale, en hausse de 20 milliards d'euros en trois ans, soit l'équivalent du budget du ministère du Travail et de l'Emploi. Pour stimuler le pouvoir d'achat des salaires les plus bas, là aussi les gouvernements successifs ont multiplié primes d'activité et autres, à nouveau pour de bonnes raisons. Mais ces continuums d'aides et d'exonérations de

---

[1] Antoine Foucher, *Sortir du travail qui ne paye plus*, éditions de l'Aube, 2024.

contributions salariales et patronales pour limiter l'écart entre coût pour l'employeur et salaire perçu, outre leur coût, génèrent des trappes à bas salaires et à inactivité qui ne sont plus tenables : pour qu'une femme au SMIC, locataire et élevant seule ses deux enfants, voit son salaire net augmenter de 100 euros, il faudrait que son employeur l'augmente de 770 euros pour compenser la baisse de sa prime d'activité et de son aide au logement et absorber les baisses d'exonérations de charges patronales, comme l'a montré une étude de la DREES récemment. Cela ne peut plus continuer ainsi. Dans l'OCDE, nous sommes devenus le pays qui travaille le moins et l'un de ceux qui taxent le plus le travail : les deux s'entretiennent en raison de choix collectifs qui taxent davantage le travail que le capital, la consommation, les retraites ou la transmission. J'ai été surprise de découvrir que le ministère du Travail est considéré comme un ministère social, là où je le vois aussi comme un ministère économique : c'est le carnet de commande, la confiance en l'avenir, le compte d'exploitation du chef d'entreprise qui permettent les embauches ou le maintien de l'emploi.

La question doit moins se poser sur des exonérations de charges pour corriger une taxation trop élevée du travail, mais par une révision de la taxation du travail. Une fois les textes budgétaires passés, il faudra reposer à froid cette question. Et je dois ici avouer que j'ai été consternée par la frilosité de tout le personnel politique à l'idée de décaler simplement de six mois l'indexation des retraites. Oui, il faudra avoir le courage de poser la question dans le débat public. J'en serai.

Le salaire, c'est aussi la perspective de l'évolution professionnelle quand la compétence devient essentielle et quand les plans sociaux dans certains secteurs se multiplient en raison de changements de modèle – je pense à l'automobile, la grande distribution ou la chimie. Les réponses en matière de formation et de reconversion sont aujourd'hui en France objectivement très complexes, en ce qu'elles dépendent du cadre individuel ou collectif, d'une mobilité interne ou externe, de destructions d'emplois ou non, de qui est le financeur, de quel type de formations, etc. Il nous faut à la fois simplifier et surtout changer de braquet sur la question des reconversions, à la lumière des transitions démographique, écologique et numérique qui touchent tous les secteurs de l'économie plus ou moins brutalement et qui nous commandent d'accélérer, au risque, sinon, de continuer à les subir.

Ma quatrième conviction quand je vais au travail, c'est que je dois me garder de biais cognitifs en continuant à regarder le monde du travail dans sa globalité. Le télétravail ne concerne qu'un tiers des salariés, deux tiers ne pouvant pas en bénéficier car leur travail ne le permet pas. En matière de conditions de travail, en Europe, les mouvements répétitifs, les postures douloureuses ou fatigantes concernent encore 50 % des emplois. En France, la proportion de salariés subissant au moins trois contraintes physiques (posture debout, posture pénible, port de charge lourde, secousses, vibrations, etc.) a triplé en 30 ans passant de 12 % des salariés à 34 %. De la même manière, la part de la population active subissant au moins trois contraintes de rythme horaire (travail à forte amplitude horaire, horaire irrégulier ou non planifié) est passée de 6 % à 35 % en 2016. Nos nouveaux ouvriers sont caristes, caissières, transporteurs, aides soignants et aides à domicile, agents de nettoyage et de d'entretien. Souvent ceux de la « deuxième ligne » que nous applaudissions tous les soirs pendant le Covid et que nous avons vus sur les tonds-points des Gilets jaunes. Et nous avons collectivement – État, syndicats, patronat – moins su appréhender la question de l'usure professionnelle dans le monde des services.

À un moment où nous devons aussi travailler collectivement plus longtemps, regarder le travail dans sa globalité, c'est admettre aussi qu'il existe encore des disparités très fortes entre métiers sur le sujet des départs en inaptitude professionnelle entre 51 et 59 ans : 5 % des cadres de la banque et de l'assurance, contre 35 % des ouvriers non qualifiés de la manutention et du bâtiment et 25 % des aides à domicile, comme l'a montré une étude de France stratégie au printemps dernier. C'est aussi pour cela que la réforme de 2023 a pu susciter tant d'anxiétés dans la société française : comment puis-je tenir dans ces conditions deux ans de plus dans des métiers qui, objectivement, ne sont pas tenables toute une vie ? D'où le souhait du Premier ministre – et je le ferai dans les prochains jours – de lancer une concertation sur le sujet des retraites, notamment de l'usure professionnelle et des petites retraites des femmes. D'où aussi, dans le prolongement des Assises du travail présidées par Jean-Dominique Senard et Sophie Thiéry, mon projet de leur confier les travaux d'une COP Travail annuelle dont la première se déroulera au premier trimestre 2025 sur la question de la santé au travail, où nous mettrons tous les sujets sur la table : arrêts de travail, absentéisme et abus, prévention et médecine du travail, organisation et pratiques managériales, conditions de travail, dialogue de proximité, impact du réchauffement climatique pour certains métiers extérieurs, etc.

Enfin, regarder le monde du travail dans sa globalité, c'est aussi voir comment l'intime se glisse dans le monde professionnel et devient une question politique. Je n'ai pas pu assister à la table ronde organisée autour du rapport « Le boulot de dingue » du Secours catholique sur l'importance vitale de la contribution des proches aidants dans la solidarité de proximité. J'ai toujours été étonnée que ce sujet ne soit pas plus connu alors qu'il concerne 8 à 11 millions de nos concitoyens, dont 60 % sont en activité et qui chaque jour se lèvent avec plusieurs lignes de front : celle de tenir une famille en étant proche aidant, celle de continuer à aller au travail pour subvenir aux besoins de ses proches et puis tout simplement pour se changer les idées et y retrouver une forme de normalité. La question des aidants salariés commence déjà à se poser dans les entreprises, par des changements d'organisation d'équipes, d'aménagement des horaires, de soutien administratif et social ou de reconnaissance. Cela doit aussi être pris en compte par le politique. Un autre exemple est celui des mères qui travaillent et qui élèvent seules leurs enfants ; parmi les métiers « essentiels », 54 % sont exercés par des femmes et 60 % vivent seules avec leurs enfants.

Cela doit aussi nous interroger – comme employeurs, acheteurs privés et publics de prestations – sur des aménagements horaires et d'autres formes d'organisation du travail comme le fait la Fédération de la propreté. L'IGAS vient de terminer un rapport sur le travail à temps partiel subi qui concerne à 80 % des femmes. Je souhaite aussi que les partenaires sociaux se ressaisissent de cette question, près de dix ans après leur premier accord national interprofessionnel sur la question.

Et enfin, ma dernière et cinquième conviction est que l'estime de soi au travail passe par la considération, l'écoute, et la responsabilisation. D'où l'importance des pratiques managériales. La loi fait déjà beaucoup – et à mon sens beaucoup trop dans notre pays –, elle ne peut pas changer les pratiques managériales qui sont d'abord la résultante d'une culture d'entreprise. Et comme le disait un professeur de management, Peter Drucker, qui enseignait à Harvard : « La stratégie, c'est ce que la culture mange chaque matin au petit déjeuner. » Et c'est ce qu'il y a de plus difficile à changer. Cela vient de l'exemplarité à tous les échelons de décision, en commençant par le haut. Mais ça vient aussi du dialogue social, que ce soit l'écoute professionnelle. Et j'encourage vraiment mes deux collègues députés à déposer la proposition de loi que nous avons écrite ensemble. Allez- y ! Comme je vais continuer à m'appuyer sur le dialogue social dans ce pays quand celui du dialogue politique est plus fracturé.

Pour conclure, dans le contexte politique actuel, je vais au travail tous les matins pour faire avancer la cause du travail – ceux qui travaillent, ceux qui cherchent du travail, comme ceux qui veulent en créer ou en proposer. C'est le travail qui a permis de bâtir notre puissance économique, notre voix singulière dans le concert des nations et notre génie national, comme notre État social. C'est le travail qui est au cœur de la promesse républicaine : quand on travaille et qu'on respecte la loi commune, on doit pouvoir se construire une meilleure vie pour soi-même et pour sa famille. La meilleure part de nous même est celle qui crée, qui ajoute, qui relie ou qui répare. Celle qui laisse une trace, celle qui montre le chemin. C'est celle qui me fait lever le matin pour aller au travail.

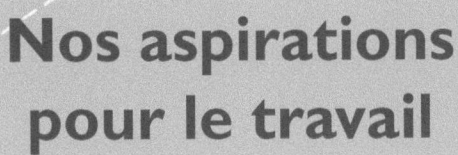

Nos aspirations pour le travail

Paris, 24 novembre 2024

Le travail comme soin –
de nouveaux enrichissements
à la pensée sociale chrétienne

MARCEL RÉMON

MARCEL RÉMON[1] : Le Ceras, centre de recherche et d'action sociales est né il y a une centaine d'années avec Rerum novarum, de même que les Semaines sociales et l'OIT. Le travail a toujours été au cœur de la pensée sociale de l'Église, qui part d'en bas, contrairement à d'autres doctrines. C'est le fameux « Voir, juger, agir ». Historiquement, ce sont les ouvriers et ouvrières du nord de l'Italie qui, n'arrivant plus à joindre les deux bouts, vont voir leurs curés, qui vont voir leurs évêques, ce qui aboutit à cette encyclique, c'est-à-dire une lettre pour tous les croyants, en 1891. Il s'agit de comprendre puis d'agir et aussi de dénoncer. « Peu à peu, les travailleurs isolés et sans défense se sont vus, avec le temps, livrés à la merci de maîtres inhumains et à la cupidité d'une concurrence effrénée.» (RN, 2). Presque cent ans plus tard, en 1981, Jean-Paul II, avec *Laborens exercens*, remet l'être humain au centre du travail : « Le sujet propre du travail reste l'homme. » (LE, 5) Il n'est pas un objet mais un sujet. C'est une véritable théologie du travail que Jean-Paul II écrit là, lui qui était proche de Solidarność, proche du monde du travail. Le pape y parle beaucoup de domination et de dignité de l'homme : « Il faut [définir la dignité du travail humain] en ayant toujours sous les yeux l'appel biblique à "soumettre la terre" (Gn 1,28), par lequel s'est exprimée la volonté du Créateur, afin que le travail permette à l'homme d'atteindre cette "domination" qui lui est propre dans le monde visible. » (LE, 9) Pour Jean-Paul II, le monde est sous la seigneurie de l'être humain, il fait allusion au psaume 8 de la création qui dit : « L'homme tu l'as créé

---

[1] Marcel Rémon est jésuite, directeur du Ceras et de la revue Projet.

un peu moindre qu'un Dieu et tu as mis toutes choses à ses pieds, tu es le maître du monde. » L'homme va maîtriser les ressources, les extraire pour les façonner, tel le potier qui va humaniser l'argile. Il ne va pas pour autant promouvoir l'exploitation et l'extractivisme, car la domination de l'homme sur la matière doit être respectueuse de l'homme. « Si le processus de soumission de la terre […] est caractérisé […] par un immense développement des moyens de production, il s'agit là d'un phénomène avantageux et positif, à condition que la dimension objective du travail [la technique] ne prenne pas le dessus sur la dimension subjective, en enlevant à l'homme ou en diminuant sa dignité et ses droits inaliénables. » (LE 10) Le progrès va permettre au peuple de se libérer, d'atteindre l'indépendance dans le Sud, de résoudre la faim. Cet aspect de domination est théologiquement fondé par le fait que, hiérarchiquement, il y a Dieu, l'homme, puis les non-humains.

Le pape François va introduire quelque chose de nouveau dans *Laudato si'* en proclamant que l'activité humaine doit aussi prendre soin, dans le travail de tout le vivant et le non-vivant : « Toutes les créatures sont liées, chacune doit être valorisée avec affection et admiration, et tous en tant qu'êtres, nous avons besoin les uns des autres. » (LS 42) *Laudato si'* remet en cause la hiérarchie entre Dieu, les humains et les non-humains, les vivants. Le pape repense cette hiérarchie comme St François l'a fait. *Laudato si'* n'est plus un appel à la domination, mais à la responsabilité : « Il est important de lire les textes bibliques dans leur contexte, avec une herméneutique adéquate, et de se souvenir qu'ils nous invitent à "cultiver et garder" le jardin du monde (cf. Gn 2, 15). Alors que "cultiver" signifie labourer, défricher ou travailler, "garder" signifie protéger, sauvegarder, préserver, soigner, surveiller. Cela implique une relation de réciprocité responsable entre l'être humain et la nature. » (Ls, 63) On change de vocabulaire tout en restant dans la tradition de la dignité humaine. François complète les propos de Jean-Paul II en invitant à porter le regard sur le travail comme une œuvre de soin, d'attention, une réciprocité responsable entre l'homme et la nature. Louise Geisler-Roblin, chercheuse du Ceras, a rédigé une thèse en philosophie sur ce sujet à la Sorbonne. Nous en avons profité pour organiser un colloque à l'Unesco à l'occasion des 100 ans de l'Organisation internationale du travail. Nous avons réfléchi à ce que *Laudato si'* impliquait sur la transformation philosophique de notre compréhension du travail. Il en est sorti un manifeste qui correspond un peu à ce que Louise Geisler-Roblin a découvert dans sa thèse comme une nouvelle coloration de la pensée sociale sur le travail.

Ce manifeste est un appel à :
• Défendre la dignité humaine au travail via un travail décent, digne et dignifiant, solidaire en humanité et avec le vivant.
• Défendre la justice sociale et environnementale, par de justes conditions de travail, respectueux de la planète et promouvant la participation et la responsabilité de toutes et tous.

- Prendre soin du bien commun, via une organisation participative et ayant du sens (RSE, entreprise à mission, etc.). C'est aussi prendre soin de notre lieu de travail, de l'environnement.
- Permettre un travail de qualité, un travail bien fait dont on peut être fier, digne. Un travail mal fait à cause du manque de temps, de la pression, détruit la dignité.
- Défendre une solidarité sociale et environnementale, au niveau international par une juste répartition des richesses et des efforts.

Le travail-soin comme lieu d'alliance

Chez François, la question des options sociales est emplie de spiritualité. Au lieu de « voir », il va parler de contemplation, au lieu de « juger », il va parler de discernement, et au lieu d'« agir », il va évoquer l'amour ou la charité. Le travail-soin est la vocation des travailleurs et travailleuses dans le sens où ce qu'on demande à l'homme dans le jardin d'Eden est d'être jardinier. Le jardin est déjà là avant la chute et on nous demande de travailler dans ce jardin. C'est notre foi, nous sommes aimés de Dieu de tout temps, nous possédons déjà la dignité, la fraternité est déjà là. Mais elle n'est « pas encore » là, car le jardin et la fraternité ont été abîmés et le « pas encore » devient notre espérance. Ce que nous espérons, c'est la vie du ressuscité, le jardin retrouvé. On découvre ce thème au début de la Genèse et à la fin de St Jean : « Ayant dit cela, Marie-Madeleine se retourna ; elle aperçoit Jésus qui se tenait là, mais elle ne savait pas que c'était Jésus. (…) [car elle le prenait] pour le jardinier. » (Jn 20, 14) Je dirais qu'elle ne le prenait pas pour le jardinier, car Jésus est le jardinier déjà en train de nettoyer le jardin de la résurrection. Prendre soin comme un jardinier est important car c'est la vocation de l'homme, non pas en hiérarchie mais en responsabilité. Le jardin que l'on nous a confié, c'est la terre, c'est moi-même, ma relation à Dieu et à autrui. Prendre soin, c'est participer à l'acte de résurrection. Quand Pierre et Jean arrivent au tombeau, le signe de la résurrection - « et à ce moment-là ils crurent » - on avait rangé le linceul d'un côté et les bandages de l'autre, c'est le moment où on a pris soin de l'endroit du tombeau, on a rangé les choses. Prendre soin veut dire que vous allez rendre l'endroit hospitalier à ceux qui vont venir, que l'on met les choses à leur place afin de les transmettre à d'autres. Nous sommes loin d'une théologie définitive du travail, nous avançons petit à petit. Le travail pourrait s'imaginer comme un lieu sacramentel, où il y a à la fois une parole, un objet – le travail lui-même –, des relations et aussi un acte. Dans le service du bien commun, il y a une sorte d'œuvre sacramentelle de résurrection lorsqu'on prend soin du monde qui nous est donné. Je termine avec ce message du pape : « Il faut un changement rapide et décisif. Et je le dis sérieusement: je compte sur vous ! S'il vous plaît, ne nous laissez pas tranquilles. » (JMJ, 2023)

Ateliers d'intelligence collective

CLAIRE DEGUEIL[1] : L'intelligence collective, c'est faire avec toutes les intelligences réunies, c'est prendre soin à la fois des personnes et du résultat. On dit en général que les idées, les opinions, les expériences, a minima, s'additionnent et au mieux se multiplient.

Dans un premier temps nous allons vivre en amphi ce brassage, puis en ateliers avec les tables inspirantes (voir p.149). Je vous propose un cadre de travail : écouter avec attention, parler avec intention. L'intelligence collective, c'est aussi travailler avec sa tête, son cœur et son corps, ce que nous allons traverser en trois étapes.

1 – TÉMOIGNER LES UNS POUR LES AUTRES

- Quel sens le travail a-t-il dans ma vie concrètement ?
- Quelles sont les initiatives, actions, engagements de mon univers professionnel qui contribuent à donner du sens ?
- Quand avons-nous manqué de protéger, de servir le sens au travail ?

2 – PUISER À LA SOURCE DE L'ÉVANGILE : LUC 10, 1-6

01 Après cela, parmi les disciples le Seigneur en désigna encore soixante-douze, et il les envoya deux par deux, en avant de lui, en toute ville et localité où lui-même allait se rendre.

02 Il leur dit : « La moisson est abondante, mais les ouvriers sont peu nombreux. Priez donc le maître de la moisson d'envoyer des ouvriers pour sa moisson.

03 Allez ! Voici que je vous envoie comme des agneaux au milieu des loups.

04 Ne portez ni bourse, ni sac, ni sandales, et ne saluez personne en chemin.

05 Mais dans toute maison où vous entrerez, dites d'abord : "Paix à cette maison."

06 S'il y a là un ami de la paix, votre paix ira reposer sur lui ; sinon, elle reviendra sur vous. »

- Jésus envoie en mission. Quel sens a cette mission ?
- Pour quel bien commun suis-je prêt à me lever le matin et à donner le meilleur ?
- Comment la figure de Jésus m'inspire-t-elle des attitudes ou des actions pour protéger, développer, rendre accessible, durable, le sens du travail ?

3 – PASSER À L'ACTION

- Quels sont les projets, les initiatives que j'ai envie d'explorer pour que mon travail, mon activité, fasse davantage sens ?

---

[1] Claire Degueil a été membre du Mouvement chrétien des cadres (MCC).

Propositions des Semaines sociales de France pour le travail et réactions

ANNE-SOPHIE DE QUERCIZE : Nous allons reprendre ce qui s'est passé au cours des ateliers d'intelligence collective, avec 14 thèmes traités dans 20 ateliers. Emmanuelle Enrici et Arnaud Broustet vont nous proposer un condensé de ce qui a été produit et je demanderai ensuite à François Asselin de réagir librement.

---

1. Travail & rythmes de vie : mise en pause, remise en cause

Face à un constat d'accélération du temps et de dictature de l'immédiat, qui épuisent et contribuent à tendre les relations, les participants des SSF suggèrent :

- d'inclure un temps pour le bénévolat dans le temps professionnel ;
- d'instaurer des jours dévolus aux parents âgés comme il existe des jours dévolus aux enfants malades ;
- de faire témoigner ceux qui ont fait des pauses professionnelles.

2. Soin des autres et temps pour soi

Après leurs échanges portant notamment sur la difficulté à lâcher un engagement quand on n'est pas remplacé, les participants des SSF plutôt eux-mêmes très engagés invitent à :

- se réinterroger sur les motivations profondes de ces engagements ;
- donner accès plus largement à l'art, la musique, la culture comme porte d'entrée vers le temps pour soi.

3. La subsidiarité dans nos organisations : joies et difficultés

Forts du constat que la subsidiarité est une affaire de pouvoir à céder, à laisser à d'autres, les participants de ce groupe sont convaincus que c'est un sujet qui mérite que l'on se forme, y compris dans le champ politique. Ils appellent ainsi à une plus grande décentralisation comme par exemple via l'allocation de budgets en local pour soutenir des collectifs de citoyens. Plus responsabilisés, davantage encouragés à se développer, les salariés et bénévoles, se sentiront plus légitimes et contribueront davantage.

---

4. Les modèles de management : servir le « je », servir le « nous », comment mobiliser ?

Les participants aux SSF encouragent à se mettre à la place de l'autre pour être capable de construire ensemble.

Ils visent une organisation apprenante, où l'on apprend à écouter et à faire le point tous les six mois sur la place du « je et du « nous ».

Ils s'interrogent aussi sur le faible nombre de coopératives en France, modèle qui pourrait faire sortir d'un modèle capitaliste.

Au rang de ce qui peut être mutualisé : les RTT, la fixation des objectifs.

5. Entreprise à mission, ESS, associations... portés par un sens qui nous dépasse ?

Les participants d'abord pas très à l'aise avec tous ces concepts repèrent finalement que dans tous ces modèles on retrouve comme ingrédients communs : communiquer sur notre sens du bien commun / valoriser les résultats / développer les talents des salariés / favoriser les échanges en interne / prendre en compte des situations personnelles / accueillir et former des personnes isolées. Ils finissent en encourageant fortement à la collaboration entre associations.

6. Les conditions de la dignité au travail, dans l'action, dans la société

Ce groupe se dit lucide sur le fait qu'imposer la dignité au travail puisse se heurter à la dure réalité du marché mondial. Il invite les autorités à estimer le gain du travail bénévole pour la société et valoriser les compétences acquises dans l'engagement associatif.

Ils encouragent aussi à regarder tout travailleur comme un frère en Jésus-Christ.

Forts de l'expérience de cet après-midi alternant silence et partage, ils souhaitent créer des espaces de dialogue, de connexion à soi et aux autres, où l'on peut dépasser les points de vue contraires, voire les conflits.

7. Une place pour chaque génération dans nos organisations

Les participants expriment leur colère face à des préjugés et un certain mépris entre les différentes générations, et aussi leur enthousiasme face à la richesse des échanges intergénérationnels.

Les participants des SSF se sont beaucoup interrogés sur le lien entre classe d'âge et rémunération. Pourquoi pas par exemple : inverser la courbe des salaires ? Donner plus d'argent aux jeunes qui en ont besoin, moins aux plus âgés qui ont déjà leurs biens ?

8. IA, Technologies, robotisation... entre libération et déshumanisation

Un groupe très partagé entre les nombreux espoirs suscités par la libération de tâches répétitives (par exemple au profit des patients si l'on parle d'un médecin) et la conscience des risques écologiques, politiques, sociaux derrière cette automatisation.

Ils invitent aussi à commencer par former à l'IA, notamment les personnes les plus déclassées.

9. Richesse et dignité des moins performants : à quoi croyons nous ?

Quelques mois après les JO et jeux paralympiques, les participants aux SSF veulent créer du lien, contribuer à rendre visibles les plus fragiles, et s'agacent de voir que leur prise en charge repose beaucoup (uniquement ?) sur le bénévolat.

Ils demandent alors que :

- le bénévolat obtienne un statut officiel, (reconnaissance, attractivité du rôle, encouragement à bien former les membres...) ;
- les programmes de formation (pour étudiant comme pour pro en activité) revisitent le thème de la performance à l'aune du lien social et de l'inclusion.

10. La valeur de la gratuité dans nos organisations

Après avoir constaté que « gratuité » est un terme qui met de l'huile dans les rouages et qui tend à disparaître de nos quotidiens, le groupe :

- réaffirmait la conviction qu'on peut être bénévole et professionnel ;
- encourageait aussi chacun, en équipe professionnelle, à prendre régulièrement du temps pour échanger avec des personnes en recherche d'emploi.

Ils sont convaincus que « choisir d'abord le sourire » et le lien est un esprit qui se répand par contagion.

11. Solidarité : quels « filets de sécurité » dans notre société ?

Les participants aux SSF, heureux de constater que « l'humanité n'est pas en panne » et que la solidarité existe, se prennent à rêver d'un monde où les politiques seraient aussi solidaires entre eux.

Les avis n'étaient pas complètement alignés dans le groupe, mais ils ont fini par s'entendre sur une ligne utopique-réaliste qui prônerait par exemple le revenu minimum garanti pour tous, à condition d'engagement.

12. Éviter, désamorcer, réduire la violence dans nos organisations

Les participants ont partagé que pour viser la paix pour chacun, et pour nos organisations, il était urgent :

- de réapprendre à respirer... ainsi qu'à « perdre du temps » ;
- de former à la communication non violente ;
- de généraliser le co-développement entre pairs, l'analyse de pratiques ;
- de proposer des réunions collectives tant rétrospectives que prospectives.

13. Consommateurs, quel impact avons-nous sur le travail ?

Les participants sont ressortis éclairés : nous avons un pouvoir d'impact sur le monde du travail d'aujourd'hui.

Ils se sont interrogés par exemple sur l'intérêt réel du boycott. Ils comptent aussi beaucoup sur le fait que l'IA va pouvoir soutenir l'application de la loi sur le devoir de vigilance.

Ils attendent du gouvernement qu'il développe des indices de durabilité pour aider à l'achat dans tous les secteurs/produits.

Et très concrètement ils recommandent de suivre le questionnement de la méthode BISOU (B comme Besoin, I comme immédiat, S comme substituable, O comme Origine, U comme utilité) avant d'acheter.

14. Pressions en tout genre : quelle réussite visons-nous ?

Pression du temps, de la normalisation, financière, des évaluations, des parents ou des enseignants... un monde sans pression serait naïf.

Face à cela, les participants encouragent à célébrer plus souvent les réussites collectives et à promouvoir le travail bien fait.

Ils invitent à s'extraire des seuls indicateurs quantitatifs pour ne pas perdre de vue le sens et les objectifs poursuivis.

FRANÇOIS ASSELIN[1] : Il y a, d'une part, tout ce à quoi on aspire et, de l'autre, ce à quoi on est confronté dans la vie quotidienne, avec un principe de réalité qui se heurte parfois à nos souhaits. Quand on est entrepreneur, il faut faire preuve d'humilité car on peut se trouver un jour le roi du monde et le lendemain le dernier, parce que vos convictions et vos espoirs s'écroulent à cause d'un client mécontent, d'une commande qui n'arrive pas, de l'ambiance au travail qui s'assombrit. Tout cela est

---

[1]   François Asselin est président de la Confédération des petites et moyennes entreprises (CPME).

humain, ce qui est plutôt rassurant. Ce qui me motive le plus dans ma vie d'entrepreneur, ce sont mes équipes, mes hommes, et ce qui m'a le plus découragé parfois, ce sont mes équipes, mes hommes. De même, des salariés de mon entreprise pourraient probablement en dire autant de moi. On pourrait le dire d'un prêtre avec sa paroisse, d'un évêque avec son diocèse. Mais il y a une chose qui nous unit dans le monde de l'entreprise, c'est le travail. Comment faire en sorte de traverser ce moment où on travaille ensemble dans l'entreprise pour qu'il soit le plus bénéfique, le plus épanouissant possible pour chacun ?

Concernant le management, on a de plus en plus de mal à trouver des gens qui ont envie de s'occuper d'autres gens. Par conséquent, on voit dans l'entreprise des personnes qui ont des capacités de management mais qui veulent s'en détacher. La raison est sûrement multifactorielle, mais on peut constater que les gens qu'on emploie et qu'on recrute ont des vies compliquées. Les familles ont de plus en plus de mal à élever leurs enfants, l'Éducation nationale, à les éduquer. En arrivant dans l'entreprise, ces personnes arrivent avec leurs antécédents. Nous sommes alors, employeurs ou managers, désarçonnés parce que nous prenons sur nos épaules ce que les parents n'ont pas réussi à faire, ni l'Éducation nationale. On doit faire avec ce que la société nous livre. Aujourd'hui, diriger, manager, encadrer est plus compliqué qu'avant parce que les codes ont été perdus et qu'il faut les remettre en place. Sur quelles bases peut-on repartir ? Sur la valeur travail qui est une valeur cardinale. Si vous avez en face de vous une personne qui n'a pas les codes mais la volonté de travailler, on y arrive. Comment organiser le travail dans l'entreprise et la direction ? Il faut se méfier, quand on est dirigeant, de ne pas être le gourou, il faut savoir partager le pouvoir. Dans une entreprise, chacun ne peut pas tout décider comme il le veut et les salariés ont besoin de savoir qui décide. L'entreprise est un bien commun, chacun dans son rôle. Les salariés doivent recevoir protection et juste rémunération et accorder loyauté à l'employeur qui porte le risque et qui doit en être récompensé.

Il y a en France 1,7 million d'entreprises qui ont au moins un salarié et 1 500 grandes entreprises. Les PME et TPE sont, pour l'essentiel, des entreprises à caractère patrimonial, c'est-à-dire que le chef d'entreprise porte le risque à titre personnel à travers son métier de dirigeant. Personnellement, quand j'ai repris l'entreprise familiale, j'ai été caution personnelle pendant plus de 10 ans pour rembourser les emprunts que j'avais signés pour rembourser les parts de ma famille. Je vois la différence de perception entre les salariés et les dirigeants d'entreprise que je côtoie. Ce dont souffrent les dirigeants patrimoniaux, c'est de sentir que le verbe risquer est devenu une notion virtuelle dans la société. Ils ont un sentiment d'injustice, d'être incompris, d'être des risque-tout enquiquinés par des risque-rien. C'est la loi inapplicable, le règlement incompréhensible, la norme absurde. Trois choses font qu'un chef d'entreprise dort bien : une bonne ambiance dans son entreprise ; un carnet de commandes bien rempli, car plus il y a de travail, plus on est heureux et plus on peut distribuer ; un équilibre des recettes et dépenses pour une entreprise viable. Quand ces trois choses sont réunies, vous obtenez la performance sociale, la performance économique et la performance environnementale. C'est à ces contraintes-là, qu'on soit salarié ou dirigeant, qu'on est confronté dans une entreprise.

Sur la dignité, je dirais que dans notre pays nous n'avons pas à rougir de notre Smic, qui dépasse les 1 400 € nets, salaire correct en début de carrière. Mais là où je n'ai pas la clé, c'est comment, 10 ou 20 ans plus tard, dans certains métiers, on est encore à 10-20 % de plus que le Smic, ce qui est désespérant. L'ascenseur social ne fonctionne plus ou fonctionne mal. C'est un problème de fond auquel nous devons trouver une solution. Quand, même si vous êtes cadre avec un bon niveau de revenu, vous ne pouvez pas acheter un appartement, c'est grave.

L'idée de mieux organiser le transfert de richesses entre les plus âgés et la jeunesse ne me paraît pas juste, car on doit pouvoir progresser dans la vie par le fruit de son travail et la qualité qu'on y a mise. Les crispations actuelles viennent du fait que cela ne fonctionne plus.

ANNE-SOPHIE DE QUERCIZE : Que diriez-vous des demandes d'avoir des jours pour s'occuper des anciens, de télétravailler pour son équilibre personnel, ces demandes sociétales qui n'étaient pas présentes il y a 20 ou 30 ans ? Pouvez-vous les prendre en compte ou bien les contraintes que vous avez citées vous empêchent-elles d'y répondre ?

FRANÇOIS ASSELIN : Nous, employeurs, devons rester les garants de la valeur travail. En tant que syndicaliste, je suis frappé de m'apercevoir qu'au fil des ans, tout ce qui est considéré comme avancée sociale entraîne une sortie des personnes du travail ou de l'entreprise. Nous sommes passés à partir de 1997 de 39 heures à 35 heures de travail payées 39. Si nous avons aujourd'hui des problèmes de coût du travail, c'est que, pour amortir cette augmentation de 11,4 % du coût du travail, immédiate à l'époque, il a fallu les aménagements Aubry, puis Fillon 1, Fillon 2, pour éviter que le coût du travail n'explose dans notre pays. On se retrouve aujourd'hui pris dans cet entonnoir où les entreprises bénéficient de plus de 70 milliards d'euros d'allègement social, sans lesquels nous aurions 1 million de chômeurs de plus selon le rapport Bozio-Wasmer.

Nous avons depuis peu des arrêts de travail qui produisent des congés payés. Je pensais que les partenaires sociaux allaient bondir, mais il m'a été répondu que c'était un acquis social et qu'on ne reviendrait pas dessus. Nous sommes passés de 11 jours de congés parentaux à 28 jours, c'est encore du temps de travail en moins. On a abordé le sujet de la semaine de travail de quatre jours, en pensant à un week-end de trois jours. Mais si on propose le jour de congé un mardi ou un jeudi, il y a déjà moins de candidats. Ce qu'on considère comme des avancées sociales ne fait que sortir les gens du travail et de l'entreprise. On sait que la réalité nous impose en fait collectivement de trouver les moyens de travailler plus. Sur 100 personnes en âge de travailler, vous en avez 64 en France, 74 en Allemagne et 80 en Suisse qui travaillent. Si on augmentait l'employabilité à hauteur de l'Allemagne, on aurait 300 milliards d'euros de recettes supplémentaires tous les ans. Sur la fiche de paye repose tout notre système social et de solidarité. On a donc, d'un côté, cette demande sociétale de plus de temps personnel pour s'occuper des grands-parents ou des enfants et avoir un équilibre vie personnelle/vie professionnelle et, de l'autre, la réalité. Depuis 1983, l'âge de la retraite est passé de 65 à 60 ans alors qu'on a gagné 8 ans d'espérance de vie. L'enjeu est de se demander comment rester au travail le plus longtemps possible en y trouvant son compte, aussi bien en termes de salaire que de qualité de vie. N'oublions pas qu'une entreprise est un lieu social. Quand une personne part à la retraite dans mon entreprise, c'est une catastrophe car c'est une compétence qui s'en va et que j'aurai du mal à retrouver.

ARNAUD BROUSTET[1] : Vous évoquez le départ des plus anciens, mais vous savez que dans beaucoup d'entreprises, on considère qu'à partir de 55 ans, vous êtes davantage une charge qu'une richesse. Comment régler ce paradoxe ?

FRANÇOIS ASSELIN : À propos de l'emploi des seniors, je crois qu'on se fait des nœuds dans la tête, en France en particulier. Quand on organise une formation et que certains vont avoir plus de 55 ans, il peut arriver que le service DRH se dise qu'il n'y a pas besoin de le former puisqu'il part dans cinq ans, de même si on pose la question à la personne intéressée. Nous sommes collectivement contaminés par ce fichu âge à partir duquel on a le droit de liquider sa retraite. J'ai vécu plusieurs fois le cas de salariés qui étaient pressés de partir en retraite avec leurs annuités et qui reviennent trois mois après frapper à ma porte parce qu'ils s'ennuient. La retraite n'est finalement pas le Graal, bien que nous ne soyons pas tous égaux à cet égard. Avec la réforme récente qui permet de travailler jusqu'à 64 ans, l'employeur peut investir sur dix ans. Une personne de plus de 55 ans n'a généralement plus d'enfants à charge, elle a les codes et sait respecter une organisation, une entreprise, un horaire, des clients ; elle est rapidement opérationnelle. Je ne dis pas qu'on n'a pas besoin des jeunes, mais lorsque sur trois jeunes que vous recrutez et formez, il y en a un, voire deux sur trois qui risquent de vous quitter, vous appréciez les seniors. En revanche, l'usure professionnelle est un vrai sujet. J'ai dans mon entreprise des menuisiers et des charpentiers pour lesquels, arrivés à 60 ans, c'est compliqué physiquement. Anticiper ces situations me semble normal et impératif. Nous allons ouvrir ce sujet avec les partenaires sociaux pour savoir que faire des métiers concernés par l'usure professionnelle, comment accompagner les personnes les plus exposées physiquement dans les meilleures conditions.

ARNAUD BROUSTET : Comment mieux organiser la transmission générationnelle des savoir-faire des anciens ?

---

[1] Arnaud Broustet est membre du conseil d'administration des Semaines sociales de France.

FRANÇOIS ASSELIN : Il faut savoir que 70 % de l'apprentissage, du CAP jusqu'à l'école d'ingénieurs en passant par les masters, se fait dans les PME. Donc, si les PME ne recrutent pas d'apprentis, elles sont mortes. Mais il faut savoir recruter les jeunes, les accueillir et les conserver. Il faut avoir une vraie stratégie et un vrai accompagnement.

ANNE-SOPHIE DE QUERCIZE : Parmi les critères qui donnent du sens au travail, on a cité le fait d'avoir des conditions de travail qui permettent de bien faire son travail et d'en être fier. Face aux difficultés de recrutement dans certains secteurs comme l'hôtellerie, la restauration, les services à la personne, est-on devant une impasse ? Les entreprises ont-elles une marge de manœuvre pour améliorer les conditions de travail et permettre ainsi les recrutements dont ils ont besoin ?

FRANÇOIS ASSELIN : Il y a effectivement des secteurs d'activité où on est pris en étau. Il y a des métiers que les Français ne veulent plus faire, des métiers avec des contraintes horaires qu'il est difficile d'imaginer faire toute sa vie. Mais c'est inhérent à ces métiers. L'employeur a peu de leviers côté salarial pour encourager les gens. Dans les services à la personne ou la propreté, vous vendez du taux horaire, de la main-d'œuvre. Quand votre donneur d'ordres, parfois public, vous encadre par un prix imposé ou par un appel d'offres, que votre marge est de quelques centimes d'euros, si vous augmentez vos salariés, vous faites péricliter votre entreprise. C'est une réalité partagée entre partenaires sociaux et patronat, car c'est le modèle économique qui est cruel. Nous avons, à la CPME, beaucoup de structures associatives, 30 % de nos adhérents sont des entreprises sociales et solidaires, ainsi que des coopératives agricoles. Beaucoup de structures associatives qui font du service à la personne sont à 80 % déficitaires en fin d'année. Ce sont les conseils départementaux qui accordent des subventions d'équilibre, sans quoi on ne peut plus soigner. Nous sommes dans un système économique compliqué où personne ne trouve son compte.

Fil rouge spirituel

ALICE LE MOAL

FR. JACQUES-BENOÎT RAUSCHER

Vous voyez cette image de Notre-Dame de Paris comme la vraie cathédrale. De loin, on ne voit pas les pierres qui la composent, mais quand on s'approche, on voit chacune des briques dont vous avez été les auteurs. Les briques de cette image sont chacune de vos expressions qui disent comment les travaux que vous effectuez ont du sens pour vous.

Ce thème du travail a fait l'objet de nombreuses études et travaux dans l'enseignement social de l'Église. « Tout est lié » nous dit le pape François ; le travail est aussi lié à l'ensemble des piliers de l'enseignement social de l'Église que nous sommes invités à mettre en œuvre, la solidarité, la subsidiarité, la dignité de toute personne humaine, la destination universelle des biens et la préservation du bien commun. Nous vous proposons la lecture d'extraits d'un texte de Paul VI prononcé à l'assemblée générale de la FAO, en 1970. ce texte nous rappelle l'importance du travail face à la création. Il résonne de façon très forte aujourd'hui est reste d'une grande actualité.

« L'amélioration de la fertilité des sols, l'aménagement rationnel de l'irrigation, le remembrement des parcelles de terrain, la mise en valeur des marécages, l'effort de sélection végétale, l'introduction de variétés de céréales à haut rendement semblent presque accomplir la prévision de l'ancien prophète des temps agraires : "Le désert refleurira" (Cfr. Is. 35, 1).

Mais la mise en œuvre de ces possibilités techniques à un rythme accéléré ne va pas sans retentir dangereusement sur l'équilibre de notre milieu naturel, et la détérioration progressive de ce qu'il est convenu d'appeler l'environnement risque, sous l'effet des retombées de la civilisation industrielle, de conduire à une véritable catastrophe écologique.

Déjà nous voyons se vicier l'air que nous respirons, se dégrader l'eau que nous buvons, se polluer les rivières, les lacs, voire les océans, jusqu'à faire craindre une véritable « mort biologique » dans un avenir rapproché, si des mesures énergiques ne sont sans retard courageusement adoptées et sévèrement mises en œuvre.

Perspective redoutable qu'il vous appartient d'explorer avec soin, pour éviter l'engloutissement du fruit de millions d'années de sélection naturelle et humaine. Il a fallu des millénaires à l'homme pour apprendre à dominer la nature, "à soumettre la terre" selon le mot inspiré du premier livre de la Bible (Gen. 1, 28). L'heure est maintenant venue pour lui de dominer sa domination. »

Au terme de cette session autour du travail

Qu'ai-je retenu ?

Qu'est-ce qui m'a marqué ?

Qu'est-ce qui m'a touché ?

Qu'est-ce qui m'a mis en mouvement?

Avec quoi est-ce que je repars ?

S'accomplir par le travail, l'exemple de Notre-Dame de Paris

FRANÇOIS ASSELIN
XAVIER MAILHOL
OLIVIER RIBADEAU DUMAS

LAURENT DE MAUTORT[1] : Vous avez tous les trois participé à ce chantier, chacun selon vos métiers, donc de différents points de vue. Je vais vous demander de vous présenter et de préciser votre participation sur ce chantier.

XAVIER MAILHOL[2] : Je suis appareilleur, tailleur de pierre et Compagnon du Devoir, car j'ai appris ce métier, j'ai fait un tour de France et je suis devenu Compagnon. L'appareilleur, en particulier dans les monuments historiques, est celui qui, pour la taille de pierre, fait les relevés des ouvrages en pierre massive. Grâce à sa connaissance du chantier, de l'atelier et du trait de taille de pierre – art de la découpe et de l'assemblage des pièces qui s'appelle la stéréotomie –, il va relever ces ouvrages, les mettre au propre et dessiner les ouvrages tels qu'ils seront refaits à neuf. Le rôle de l'appareilleur est de comprendre et restituer au mieux l'appareillage de l'ouvrage pour que, structurellement, le bâtiment fonctionne et soit pérennisé.

FRANÇOIS ASSELIN[3] : Personnellement, je n'ai pas fait grand-chose, ce sont mes charpentiers qui ont travaillé. L'entreprise Asselin a constitué un groupement avec trois autres PME : Le Bras Frères située dans le Grand-Est, Les Métiers du bois en

---

[1]   Laurent de Mautort est secrétaire général des Semaines sociales de France.
[2]   Xavier Mailhol est aide-appareilleur chez Lefèvre-Compagnon du devoir.
[3]   François Asselin est dirigeant de l'entreprise Asselin SAS.

Normandie, Cruard Charpente en Pays de la Loire. À nous quatre, nous avons érigé la flèche et les bras des transepts. L'entreprise Asselin comporte 125 collaborateurs dans les métiers de la charpente, de la menuiserie, de l'ébénisterie et de la ferronnerie d'art. C'est une vieille entreprise familiale dont la spécialité est la restauration du patrimoine.

OLIVIER RIBADEAU DUMAS[1] : Je suis prêtre catholique et j'ai essayé toutes ces années d'être prêtre. Être prêtre en tant qu'affectataire de la réouverture d'une cathédrale est d'un autre ordre. J'ai reçu de notre archevêque une mission en deux parties. La première était d'être l'interlocuteur des pouvoirs publics comme représentant de l'Église pour toutes les discussions relatives à la reconstruction, aussi bien avec le ministère de la Culture et son administration qu'avec l'établissement public créé pour cette reconstruction. La deuxième partie était le chantier propre à l'église qui est l'aménagement intérieur de la cathédrale puisque c'est au diocèse qu'il revient de s'en occuper. Enfin, il y avait une troisième tâche qui était de l'ouvrir et de la faire fonctionner, elle qui accueille 40 000 personnes par jour, soit près de 15 millions de personnes par an.

LAURENT DE MAUTORT : Xavier, quelle tâche aviez-vous exactement ?

XAVIER MAILHOL : Nous sommes trois appareilleurs dans l'entreprise et nous avons travaillé sur les parties hautes de la cathédrale, notamment la voûte de la croisée du transept qui s'est effondrée quand la flèche est tombée, ainsi que les murs au-dessus des voûtes qui soutiennent la charpente et de là, la toiture, c'est ce qu'on appelle les murs bahuts. Il s'agissait des murs au-dessus du transept et le long de la nef ainsi que les chemins de ronde. En effet, à l'extérieur, juste sous les toitures, un chemin de ronde fait tout le tour de la nef, du transept et du chœur. J'ai travaillé sur les murs bahuts et ceux qui sont dans les angles du transept, qui devaient eux-mêmes recevoir la charge de la flèche et de son tabouret. Le tabouret supporte la flèche en charpente et vient reposer sur les murs en pierre des quatre angles. Tout cela avait brûlé ou été fragilisé par l'incendie et il fallait le restituer en même temps que les charpentiers concevaient, eux, la charpente ; et tout devait coller, bois et pierre, au millimètre près. Ce n'est pas commode de devoir concevoir des murs apparemment simples, mais qui ne sont pas d'aplomb, avec une précision au millimètre.

LAURENT DE MAUTORT : François, votre entreprise a participé à ce que certains qualifient de morceau de bravoure: la reconstruction de la flèche.

FRANÇOIS ASSELIN : Comme vous l'a expliqué Xavier, il nous a livré quelque chose qui n'était pas plan, il fallait donc faire avec l'édifice d'origine et ses déformations. On récupère dans l'élévation de la flèche toutes les déformations à partir du tabouret et on doit faire quelque chose de rectiligne. Quand on est tout en haut au niveau de l'aiguille, on est à 96 mètres de haut et on a 60 mètres de flèche dont 11 mètres qu'on

[1]   Olivier Ribadeau Dumas est recteur-archiprêtre de Notre-Dame de Paris.

ne voit pas parce que c'est engravé dans la croisée des transepts. Cela fait une seule et unique flèche, de 380 tonnes de bois, avec le fait que le bois bouge. Avec certaines pièces qui font 20 mètres de long, beaucoup entre 10 et 14 mètres, de 30 cm x 40 cm ou parfois plus, on ne peut pas reconstruire en bois sec, à moins d'être obligé d'intervenir quelques années plus tard. Nous avons donc dû anticiper les déformations à venir sur la flèche. Avec les bureaux d'études de nos entreprises, dont Gaétan Jeunesse qui a été très précieux, nous avons modélisé la déformation à venir de la flèche pour faire en sorte d'obtenir des assemblages que nous pourrons revisiter et resserrer dans les années qui viennent et nous avons anticipé toute déformation qui pourrait conduire à un sinistre. Ce qui a été fait sur Notre-Dame n'a jamais été fait auparavant sur aucun édifice dans le monde, c'est donc une alliance de patrimoine et de recherche et développement.

LAURENT DE MAUTORT : Le chantier a pu fonctionner parce qu'il y avait les compétences, mais on a aussi profité de l'apport des nouvelles technologies : scan de la charpente, modélisation pour les pierres de la voûte, etc. C'est un mélange de métiers traditionnels et de compétences modernes.

FRANÇOIS ASSELIN : Tous les ans, j'emmène une délégation de chefs d'entreprise au CES (Consumer Electronics Show) de Las Vegas. Ces entrepreneurs qui viennent de secteurs très traditionnels s'aperçoivent que les outils modernes peuvent se mettre au service de métiers parfois très traditionnels et nous permettent des bonds technologiques. Mais si, à la base, vous n'êtes pas un bon charpentier ou un bon tailleur de pierre, malgré tous les outils technologiques, vous ne reconstruirez jamais Notre-Dame.

XAVIER MAILHOL : Je prendrai l'exemple, dans mon cas, de l'ordinateur, tout simplement. Bien avant les modélisations, les nuages de points, nous apprenons à faire du trait de charpente, de menuiserie ou de taille de pierre sur des tables à dessin, avec des règles, des équerres, des compas, des crayons. Cela permet de passer de la 3D, d'un ouvrage en trois dimensions, à la 2D. De la table à dessin à l'ordinateur, le support change mais pas le savoir-faire.

LAURENT DE MAUTORT: Olivier, vous êtes à la tête d'une équipe pour tous les aménagements intérieurs. On parle beaucoup de l'établissement public pour la partie extérieure, mais vous avez aussi endossé tout ce travail de programmation, de choix des artisans.

OLIVIER RIBADEAU DUMAS : De fait, le diocèse de Paris menait un chantier en co-activité avec le chantier général mené par l'établissement public. Le diocèse avait plusieurs choses à sa charge. La première, c'était le mobilier liturgique, puisque l'autel avait été écrasé par la voûte. L'archevêque de Paris avait souhaité bénéficier de cette occasion pour recréer un mobilier liturgique harmonieux, notamment en mettant le baptistère à l'entrée de la cathédrale. Il a fallu toute une procédure pour choisir l'artiste et je dois dire que je trouve l'ensemble très réussi. Ce mobilier liturgique devait avoir une fonction pour la liturgie, bien entendu, mais surtout s'inscrire dans l'histoire de la cathédrale. Si on plaque quelque chose sur Notre-Dame, cela ne peut pas fonctionner. Comment entrer dans cette histoire de plus de 860 ans pour la continuer ?

Il y avait ensuite les chaises qui ont provoqué beaucoup de débats. Le cahier des charges comprenait une consigne étonnante : qu'elles soient silencieuses, qu'elles s'effacent devant le mobilier liturgique. Mais le plus fondamental a été le réaménagement du parcours que les visiteurs sont amenés à suivre. Pour moi, le visiteur n'est pas un touriste, mais celui qui est amené à faire une visitation ; 15 millions de personnes sont appelées à faire cette rencontre, comme Marie a rencontré Elizabeth, cette rencontre de Dieu par l'art mais aussi par le témoignage de foi des croyants. Repenser ce parcours de visite, c'est repenser toutes les chapelles situées dans les collatéraux comme dans le chœur, pour que ce parcours bénéficie d'une cohérence globale. Ce travail fut compliqué et lent parce que le ministère de la Culture nous avait demandé de remettre toutes les œuvres qui avaient été sorties de Notre-Dame, mais aussi d'en mettre d'autres s'il était nécessaire. Nous nous sommes rendu compte que, dans les décennies passées, les différents membres représentants du diocèse ou de la Drac avaient mis ces œuvres un peu au hasard et qu'il n'y avait plus de cohérence. Cette recherche de cohérence a été une expérience très intéressante et très prenante.

Le troisième chantier, qui n'était pas le moindre, a concerné la lumière, le son et la captation vidéo. Je suis fasciné par le travail sur la lumière effectué par Patrick Rimoux qui se dit lui-même sculpteur de lumière et tailleur de l'ombre. Ce jeu entre la lumière et l'ombre nous a amenés à réfléchir sur ce que nous voulions faire pour mettre en lumière aussi bien la dimension patrimoniale que liturgique de la cathédrale.

Un quatrième élément concerne la médiation culturelle, car accueillir 15 millions de personnes n'est pas qu'une affaire de traduction dans d'autres langues. Il faut aussi accompagner des gens de cultures et de religions différentes dans ce qui est, en même temps, un trésor du patrimoine et un lieu phare de la foi chrétienne.

Enfin, nous avons la responsabilité de deux éléments particuliers : le trésor, qui est géré par la cathédrale et pour lequel nous avons repensé la scénographie, en en faisant un véritable musée à l'intérieur de la cathédrale ; et nous avons confié à Sylvain Dubuisson le soin de faire un nouveau reliquaire pour la couronne d'épines, qui soit à la hauteur de l'édifice et de la relique qu'il renferme. Tout un nouveau travail nous attend maintenant pour faire vivre la cathédrale dès sa réouverture.

LAURENT DE MAUTORT : Un chantier de cette ampleur dont on fixe à l'avance la fin est exceptionnel, d'autant plus qu'apparemment il se termine à l'heure et dans de bonnes conditions, malgré quelques surprises, comme la pollution au plomb, le Covid, les fouilles archéologiques. Le pari a donc été tenu, mais on imagine que ce n'est pas allé sans difficultés. Quels ont été les défis et comment ont-ils été surmontés ?

Xavier Mailhol : Le fait que l'ensemble d'un bâtiment aussi vaste que Notre-Dame soit en chantier partout en même temps est tout à fait exceptionnel. Il y avait en réalité plusieurs chantiers dans le chantier. Chaque métier avait différents lots auxquels il répondait et nous avons nous-mêmes produit une organisation pour satisfaire la demande. Vu la renommée internationale de Notre-Dame, il fallait se conformer à un calendrier et à l'impératif de la réouverture. Nous avons mis en place des équipes d'appareilleurs, de tailleurs de pierre, de maçons ainsi que, hors du chantier, des conducteurs de travaux et des chefs de chantier. Nous avions deux chefs de chantier, l'un sur la partie organisationnelle pour les réunions avec les architectes et les autres entreprises, et l'autre sur place pour piloter les équipes. Cela a été possible sur le travail effectué dans les parties hautes, notamment la voûte de la croisée du transept, parce que l'entreprise dans laquelle je travaille voit les métiers comme une transmission et un travail d'équipe. Ce qui, en tant que Compagnon du Devoir, correspond à l'idée que je me fais d'un métier et de son application dans le travail. C'est-à-dire qu'on apprend, un peu par soi-même, par l'observation, mais aussi parce que les autres nous font confiance et nous apprennent eux-mêmes ce qu'ils ont reçu. Si cette partie très technique du travail, dans sa conception, sa réalisation et son organisation logistique a été possible, c'est précisément parce que les équipes existaient déjà. Sans quoi cela aurait été impossible car on ne monte pas ex nihilo une connaissance des gens entre eux, un fonctionnement, des habitudes, toutes choses qui se font au long cours.

Laurent de Mautort : François Asselin, vous vous êtes associés avec trois entreprises concurrentes.

François Asselin : Nous avons signé une charte entre nous quatre. Premièrement, on s'interdit de débaucher des charpentiers d'une entreprise à une autre. Deuxièmement, on s'interdit de communiquer seul, on cite toujours les autres entreprises. Maintenant que c'est terminé, la concurrence est repartie comme avant.

Des chantiers comme celui-ci, je n'en ai jamais vus et je suis fier de la façon dont cela s'est passé ; les contributeurs peuvent l'être aussi. Le clergé a été exigeant mais sympathique ; la maîtrise d'ouvrage a été remarquable et je rends hommage au général Georgelin et à Philippe Jost qui lui a succédé. Ce sont de belles personnes qui ont tout compris, y compris la maîtrise d'œuvre. Ils sont venus régulièrement sur le chantier, dans nos ateliers ; ils connaissaient nos compagnons.

Face au délai et à la complexité, je n'ai pas eu besoin de susciter la motivation, elle était intrinsèque à l'objet et encouragée par le fait que les haut-placés viennent voir les ouvriers travailler. Nous n'avons eu aucun jour de retard ; sur le plan qualitatif, les gars ont bossé de façon extraordinaire et, alliés avec nos concurrents, nous avons reconstruit la flèche tous en même temps. Nous avons mutualisé les équipes, ce qui a stimulé chacun. Mes équipes ont vécu ce chantier comme moi je l'ai vécu et c'est une grande fierté.

Laurent de Mautort : Olivier, comment vivre dans un projet où il y a autant de parties prenantes ?

Olivier Ribadeau Dumas : Il y a trois atouts majeurs dans ce chantier : la durée de cinq ans ; l'impulsion donnée par le général Georgelin ; et les compagnons. Je suis rempli d'admiration devant les compagnons, devant ces hommes et ces femmes qui ont un dévouement et un savoir-faire, qui ont vécu quelque chose de spécifique à Notre-Dame et qui font mon bonheur de prêtre.

La difficulté de ce chantier n'a pas tant été la multiplicité des acteurs, mais l'imprévisibilité. Nous ouvrons la cathédrale le 7 décembre avec 50 salariés qui ne connaissent pas la cathédrale. Nous devrions avoir une marche à blanc pour savoir comment allumer l'électricité, faire marcher le chauffage, régler les 1 600 projecteurs, les plus de 1 000 haut-parleurs, et installer l'évêque. Mais nous n'avons pas la durée de cette marche à blanc avant l'ouverture. Il n'y a pas de réponse à cela, si ce n'est pour moi, croyant, la foi. L'Esprit Saint agit en mettant l'unité au cœur de ceux qui pourraient être désunis. Et je garde cette devise depuis les JMJ : « SPA, souplesse, patience, adaptation ». Il est essentiel de voir qu'on n'accomplit pas simplement un travail, mais une œuvre. On est conscient de faire quelque chose qui nous dépasse.

Laurent de Mautort : François, tirez-vous de ce chantier des éléments un peu durables qui pourraient représenter l'esprit de Notre-Dame ?

François Asselin : Dans le cadre professionnel, c'est quelque chose qui vous marque. Et quelque chose qui vous marque est une chose à partager. Partager quelque chose qui vous marque et vous dépasse est tout l'enjeu que nous avons à vivre avec la réouverture de Notre-Dame. Cela nous parle à nous, chrétiens, de ce que peut faire l'homme quand il est inspiré. Cela montre qu'il y a des choses qui fonctionnent dans notre pays. Faisons attention à la façon dont nous parlons du monde professionnel à la jeunesse de notre pays. J'ai la joie d'avoir vécu une belle chose, très compliquée, très exigeante, mais comme le dit l'adage : « Soyez exigeant, vous ne décevrez jamais. »

Laurent de Mautort : En tant que président de la CPME, vous avez lancé un premier appel à mobilisation générale le lendemain de l'incendie.

François Asselin : J'ai commencé par envoyer un sms au président de la République pour lui dire qu'il était fou de vouloir restaurer en cinq ans. Je n'y croyais absolument pas. On voit finalement que c'était une bonne décision. L'autre bonne idée était de faire une sorte de laboratoire de ce qui peut fonctionner et être efficace dans notre pays, sans rien renier de l'exigence. Il n'y a pas eu de « raccourcis » sur ce chantier en termes de qualité de travail, ce que peut confirmer Xavier. Nous pouvons tous être très fiers de ce qui a été fait collectivement.

Xavier Mailhol : Je confirme vos propos sur le fait qu'il s'agissait de quelque chose de plus grand que nous. Pour ce chantier et pour le compagnonnage en général, c'est ce qui nous anime et nous motive. Quand j'ai découvert, apprenti, la règle des Compagnons du Devoir, j'ai compris que nous parlions la même langue avec cette devise : « Ni s'asservir, ni se servir, mais servir. » Nous sommes au service de quelque chose mais sans s'oublier dans ce à quoi on se dédie, sans devenir esclave, sans porter les chaînes de son propre engagement, ce qui serait un asservissement. Il s'agit d'autre part de penser à l'épanouissement de l'individu sans céder à la facilité de tout recevoir sans jamais redonner, ce qui serait de l'avidité. Il faut trouver la crête entre les deux et se tenir sur cette ligne très étroite qui permet de servir au quotidien. Pour y parvenir, nous devons acquérir cette notion que ce que nous faisons n'est pas juste pour nous, ni notre métier ou notre entreprise, mais que cela nous dépasse. On n'hérite pas de quelque chose, on nous l'a transmis, donc nous n'en sommes pas propriétaires. La seule chose que nous pouvons faire est de transmettre les savoir-faire et savoir-être que nous avons reçus, tels le maillon d'une chaîne qui repose sur les maillons qui l'ont précédé et dont le sens et la raison d'être est d'être le maillon qui recevra ceux qui viendront après lui, une chaîne de transmission. L'horizon que l'on se donne en tant que Compagnon est d'avoir à cœur de se bâtir en hommes et femmes « capables, dignes, libres et généreux ». Capable, c'est de savoir exercer son métier et de le faire du mieux possible, le métier étant le point de départ pour nous, plus que le travail. On arrive au compagnonnage par un métier, non pas pour un métier. On espère que l'on sera fier de ce qu'on fait. On se lève pour du concret, ce métier doit nous rendre digne. Mais ce n'est pas suffisant, car la finalité de ce métier que l'on a en main n'est pas lui-même, mais l'homme ou la femme qui l'exerce. On a à cœur que cette personne devienne libre dans sa vie, libre de ses choix. Or, pour ce faire, le métier est un moyen, pas une finalité. Enfin, tout cela ne nous appartient pas, on l'a reçu, on l'a voulu, certes, mais on l'a reçu parce que d'autres nous ont fait confiance, nous ont transmis, nous ont parfois remonté les bretelles quand il le fallait. À notre tour de donner ce dont nous sommes dépositaires mais qui ne nous appartient pas, il faut être généreux. C'est notre proposition de Compagnon : être capable, digne, libre et généreux. Dans le cas particulier de Notre-Dame, c'est cet état d'esprit qui était pleinement à l'œuvre pour être au service d'un bâtiment qui, au-delà des pierres, du bois ou du plomb, est une œuvre humaine qui ne peut que nous apporter de l'humilité. Sans l'humilité, on est dans l'orgueil, la vanité, l'hubris, défauts qui empêchent de mener l'ouvrage à bien et nous placent dans l'asservissement ou l'appropriation..

Laurent de Mautort : Certains éléments de ce chantier spécifique hors normes peuvent-ils nourrir nos réflexions sur le travail en général ?

François Asselin : Ce qui se joue à travers la préservation du patrimoine, ce sont nos racines, notre culture. Pour nous tous, entreprises, artisans et compagnons, s'il n'y a pas de marché, il n'y a pas de travail, ni de formation. Dans un contexte économique difficile, ce n'est pas rien que de poser le choix politique de ne pas lâcher la restauration du patrimoine. La moitié de nos édifices appartient à la sphère publique, État et collectivité, l'autre moitié à des propriétaires privés qui ne sont pas, pour la plupart, des gens argentés. S'il n'y a pas de levier fiscal ou d'accompagnement de l'État, il ne se passe pas grand-chose. Il n'y a pas moyen de garder les compétences s'il n'y a pas de travaux de restauration. Par ailleurs, l'impact du chantier de Notre-Dame à l'extérieur de notre pays est considérable. C'est un soft power exceptionnel. Face à un sentiment, factuel ou non, de déclassement, je soutiens que notre pays possède une richesse intrinsèque avec notre patrimoine et ceux qui savent l'entretenir et le restaurer.

OLIVIER RIBADEAU DUMAS : Je reprendrai trois mots qui valent pour d'autres chantiers : confiance, bienveillance et humilité. La confiance s'est révélée dans le chantier de Notre-Dame : confiance dans les entreprises, la maîtrise d'ouvrage, confiance les uns dans les autres. Sans confiance, rien ne peut fonctionner. La bienveillance est essentielle dans les relations de travail pour une fécondité humaine du travail. Et merci Xavier d'avoir utilisé le terme d'humilité, car depuis que j'ai été nommé recteur, c'est ce à quoi je suis appelé : humilité devant ceux qui ont construit ce bâtiment – nous n'avons fait que le reconstruire –, devant ceux qui l'ont transmis, ceux qui l'ont sauvé et ceux qui l'ont reconstruit.

Conclusion

ISABELLE DE GAULMYN : Je ne vais pas livrer de conclusion car nous avions choisi de faire de l'intelligence collective, mais je vais faire simplement quelques remarques. La première serait une remarque de méthode : l'intelligence collective signifie plus de participation de votre part. C'est devenu de plus en plus important dans les organisations, notamment depuis le Covid. Nous avons besoin de construire ensemble. Cette méthode synodale, c'est ce à quoi nous appelle l'Église. Nous devons donc appliquer ce qu'on prône pour l'Église dans cette association des Semaines sociales. Nous savons organiser des débats en invitant des intervenants, mais nous ne savons pas encore très bien faire les choses ensemble, nous sommes en rodage et nous prendrons le temps de l'évaluation, d'étudier la matière qui en est sortie. Nous devons trouver d'autres moyens d'être en association, plus participatifs, condition pour attirer de nouvelles générations.

Ce qui m'a frappée, c'est le fait que le travail est collectif, c'est un lieu où l'on construit quelque chose ensemble. Le problème du management a beaucoup été évoqué, et nous sommes arrivés au constat que l'on ne savait pas tellement manager, que ce soit dans les entreprises, les associations ou même dans l'Église. Nous avons un management très compliqué avec, de plus, un contexte environnemental et géopolitique un peu effrayant. Nous sommes dans un monde très mouvant et un peu chaotique. Que pouvons-nous apporter, en tant que chrétiens, à cette science du management ?

Différentes techniques existent comme l'entreprise apprenante ou la co-participation. Mais il est nécessaire d'y réfléchir collectivement. Les gens sont encore trop malheureux au travail, à cause des pressions, du temps qui manque, des ordres qui arrivent d'en haut, des rapports à rendre en permanence, sans pouvoir maîtriser leur travail. Peut-être devrions-nous revenir à deux principes de la doctrine sociale : subsidiarité et dignité au travail. Quel est le bon niveau de subsidiarité ? Comment évoluer tout en gardant assez claires les lignes d'autorité ? Comment exercer aujourd'hui l'autorité ? Le dirigeant charismatique n'est plus un modèle aujourd'hui. Il y a là tout un champ de travail que nous défricherons avec le MCC et d'autres associations chrétiennes qui sont engagées dans l'entreprise.

La question du sens, sens de l'entreprise ou sens dans son travail, a été également beaucoup évoquée. La ministre nous a parlé de la nécessité d'organiser au niveau de l'entreprise, et pas seulement des branches, des lieux de discussion. Nous suivrons les lois qui arriveront au parlement. Les lois Auroux qui avaient beaucoup œuvré pour la démocratie dans les entreprises commencent à dater et de nouveaux besoins ont émergé.

Concernant l'écologie, il faut agir à tous les étages de l'entreprise et ne pas se contenter du greenwashing. En effet, le sens du travail passe aussi par un engagement écologique.

Nous avons aussi abordé la place du bénévolat et de la gratuité dans le travail, dans l'insertion et aussi dans l'entreprise quand elle permet aux gens de prendre des congés pour s'occuper de leurs parents. Il faudrait réfléchir à des systèmes de solidarité à l'intérieur de l'entreprise, comme la possibilité de donner des RTT ou des congés à des collègues qui ont des problèmes. Sans sortir les gens de l'entreprise, on peut y introduire des systèmes de don et de gratuité.

Il faut aussi mieux faire reconnaître au niveau national le travail bénévole au sein des associations, à la fois comme acquisition de compétences et comme richesse collective. Ce sont des chantiers sur lesquels les associations chrétiennes sont assez présentes et qu'il faut continuer à entretenir. À partir de vos participations, nous allons rédiger un manifeste que nous adresserons aux élus nationaux et locaux avec un certain nombre de demandes.

Je remercie tous nos intervenants, nos partenaires, l'équipe de bénévoles et l'Institut catholique de Paris. Nous devons continuer, avec vous tous, à faire vivre ces Semaines sociales qui nous permettent de dialoguer, de réfléchir et de témoigner de ce christianisme social qui nous réunit.

Homélie

MGR LAURENT ULRICH, ARCHEVÊQUE DE PARIS

MESSE À L'OCCASION DES SEMAINES SOCIALES DE FRANCE À SAINT-JOSEPH DES CARMES (PARIS 6ᴱ)
DN 7,13-14 ; Ps 92,1-2.5 ; AP 1,5-8 ; JN 18,33B-37

Certes il vient le Seigneur, il vient des nuées, des cieux et donc nous attendons sa venue. Certes nous nous acheminons vers le royaume dont il est le souverain, lui qui a reçu – comme nous l'avons entendu dans la première lecture – domination, royauté et gloire. Certes nous n'entendons pas le mot de domination dans son sens le plus commun, c'est-à-dire d'une puissance écrasante. Nous savons que la domination du Christ est une domination de service, d'ouverture vers tous les pauvres, d'ouverture vers tous ceux qui cheminent, mus par un désir de justice et de paix pour tous. Certes tout cela nous le voyons célébré ce matin dans un avenir que nous n'atteignons pas encore mais nous savons que déjà nous sommes en marche avec lui. Il est le roi, le roi de l'univers, et déjà nous cherchons à être régis par les lois de son royaume. Et, ce faisant, dans la réflexion des Semaines sociales depuis 120 ans, nous explorons, vous explorez les divers domaines de la vie personnelle, de la vie sociale, de la vie spirituelle du monde dans lequel nous sommes et des croyants avec lesquels nous cheminons vers ce royaume, croyant y être déjà pour partie.

Et cette année revient le thème du travail qui n'est pas un thème oublié des Semaines sociales mais, depuis toujours, un thème récurrent, un thème important. Il ne s'agit pas pour moi de faire état en quelques minutes de ce que je n'ai pas eu le temps d'entendre tout entier, mais quand même de noter quelques points qui peuvent faire réfléchir, méditer et prier.

Le premier qui me touche, au sujet du travail, et qui est dans notre expérience à tous, je pense, c'est que le travail fait apprendre. Nous ne cessons jamais d'apprendre dans la vie – et heureusement – et du début à la fin de notre vie nous sommes tendus vers la découverte du monde tout entier. Il y a mille et une manières d'apprendre bien sûr, grâce à l'information, en écoutant et en regardant ce monde à la fois difficile mais en même temps magnifique. Mais le travail lui-même nous fait apprendre et nous le comprenons : chacun d'entre nous sait que, grâce au travail qu'il a fourni tout au long de sa vie, jusqu'à présent, il a appris énormément et il a grandi en humanité en se laissant transformer par tout ce qu'il a découvert. Tout l'effort du travail a comporté une joie d'apprendre, une joie de connaître, une joie à partager. Et c'est fête que d'apprendre chaque jour. Heureusement que le travail permet cela à chacun d'entre nous.

J'évoquais au début de cette eucharistie ceux qui ont du travail ou ceux qui n'en n'ont pas, ceux qui peuvent en vivre et ceux qui en vivent difficilement, ceux pour qui il y a de la pénibilité au travail bien sûr. Le travail demeure toujours difficile, il n'est jamais un loisir même si on l'aime. L'objet même de pouvoir apprendre à travers le travail est évidemment une joie profonde et un plus qui nous nourrit et qui fait avancer l'humanité en chacun d'entre nous. Heureux sommes-nous de pouvoir vivre cela et de garder du cœur au travail au-delà même de la vie professionnelle bien sûr, dans les engagements que nous avons.

La deuxième chose que je retiens, c'est qu'aujourd'hui se développe fortement le thème de la co-action, de la co-construction, et le vocabulaire extrêmement important dans le monde d'aujourd'hui sur ce sujet est évidemment très intéressant à observer.

On a pu se lasser des visions tellement socialisées du travail et ne plus oser aborder ce sujet de cette façon et tel qu'il avait surtout été considéré à partir des sciences sociales des XIXe et XXe siècles et qu'il avait été fortement mis en œuvre à travers les options socialistes bien sûr, mais aussi tout simplement à travers les nécessités de reconstruire notre Europe et notre monde après les deux guerres mondiales. Mais en laissant de côté ce thème qui n'a peut-être plus cours exactement comme cela, nous redécouvrons comment travailler est toujours travailler avec. Et je sais que vous avez entendu parler hier du chantier de Notre-Dame, qui a été exemplaire de ce point de vue. J'ai eu souvent à en parler et je l'ai constaté : faire travailler ensemble, dans un programme extrêmement serré qui oblige à se tenir les uns les autres à la rigueur du calendrier, 250 entreprises ; s'obliger dans un espace assez restreint à travailler ensemble, il y a eu jusqu'à 500 personnes sur le chantier lui-même, ensemble ! s'obliger à accepter de rendre cohérents leurs emplois du temps et leurs programmes. Tout cela s'est vécu dans une magnifique co-construction réellement et a créé à l'intérieur et autour de la cathédrale une atmosphère entre les entreprises, entre tous ceux qui travaillaient, que l'on ne voit pas toujours partout mais dont on peut espérer qu'elle transforme un peu les cœurs, qu'elle transforme les pratiques et qu'elle manifeste un grand désir d'être ensemble pour construire ce monde dans l'harmonie la plus grande possible.

Cela, nous le retenons comme un exemple, comme quelque chose qui peut guider l'existence à travers le travail.

Et enfin nous avons découvert d'une certaine façon, avec les technologies du monde d'aujourd'hui, une sorte de sentiment de puissance qui pourrait nous égarer. Le sentiment que nous savons faire tellement de choses que l'on peut avoir le sentiment de tout pouvoir faire. Et nous comprenons que, dans la loi même du travail, il est nécessaire d'apprendre à se maîtriser, d'apprendre à maîtriser même les processus pour qu'il soit possible que la vie ne soit pas embarrassée de ce sentiment de puissance. Nous comprenons qu'il est nécessaire de limiter, nous comprenons que, dans les processus mêmes, il faut apprendre à dominer le désir de dominer, le désir d'être une puissance, le désir d'être capable de tout, le désir d'aller presque sans limite à une construction qui nous embarrasserait finalement et qui embarrasse l'existence, qui empêche et élimine un certain nombre, les laissant sur le bord de la route.

Nous demandons au Seigneur, Roi de l'univers, de nous tenir éloignés de cette tentation et de nous permettre de grandir loin des désirs de possession, loin du désir de domination gourmande et violente.

Lettre du Vatican

Madame la Présidente et chers participants des Semaines sociales,

En ce jour où s'ouvre votre rencontre annuelle 2024 des Semaines sociales de France, Sa Sainteté le Pape François est heureux de vous rejoindre par la pensée et par la prière, ainsi que tous les participants de ces Semaines sociales qui se dérouleront au cours de ces prochains jours. Il adresse à tous ses vifs encouragements pour ce temps de recherche et de réflexion.

Vous avez choisi cette année le thème : Pourquoi allons-nous travailler ? Nous vivons effectivement à une époque de nombreuses crises, notamment dans le monde du travail. Il est important de réfléchir à ce sujet car « c'est dans le travail libre, créatif, participatif et solidaire que l'être humain exprime et accroit la dignité de sa vie » (Evangelii gaudium, n° 192).

Le travail est un lieu de rencontre entre la vocation personnelle et la dimension sociale de l'homme. « Le travail construit la société. Il s'agit d'une expérience première de citoyenneté, dans laquelle une communauté de destin prend forme ; dans la trame ordinaire des liens entre les personnes et les projets économiques et politiques, on donne vie jour après jour au tissu de la démocratie. C'est un tissu qui ne se confectionne pas sur un coin de table d'un quelconque bureau, mais qui est le fruit d'un travail créatif dans les usines, les ateliers, les entreprises agricoles, commerciales, artisanales, sur les chantiers, dans les administrations publiques, les écoles, les bureaux, et ainsi de suite » (Pape François à la Confédération italienne du travail en 2022).

Malheureusement, le travail peut aussi être aliénant et source de souffrance. Le Pape encourage à redéfinir le travail à la lumière des nouvelles réalités socio-économiques et politiques, en particulier celles qui touchent les pauvres. La nouvelle orientation vers un développement économique durable doit placer la personne et le travail au centre du développement. Le travail n'est-il pas bibliquement (confer

Genèse chapitre 2) un don fait à l'homme pour qu'il opère par celui-ci sa coopération à la création divine ? Tout est lié et nous devons répondre de façon intégrale.

De nombreux jeunes souffrent de la perte de sens, qui donne les raisons de se lever chaque jour et d'aller travailler, et qui génère la joie de vivre. Que les jeunes n'oublient pas le travail, insistait le Pape à Assise en septembre 2024. Le travail est déjà le défi de notre temps, et il sera plus celui de demain. Sans travail digne et suffisamment rémunéré, les jeunes ne deviendront pas vraiment adultes et les inégalités augmenteront. On peut momentanément survivre sans travail, mais on ne vit pas bien. Alors, en créant des biens et des services, n'oubliez pas de créer du travail, du bon travail et du travail pour tous. (Assise, 24 septembre 2024)

Le pape François confie la fécondité de votre rencontre annuelle à l'intercession de la Vierge Marie et vous accorde, Madame la Présidente, ainsi qu'à tous les participants, sa Bénédiction et l'assurance de sa prière.

Paris, ce 23 novembre 2024
Mgr Celestino Migliore
Nonce Apostolique

Tables inspirantes

LES ACCORDERIES
CONTRIBUER AUTREMENT

Nous explorons une vision du travail basée sur l'échange, la solidarité et la richesse des savoir-faire partagés. Les Accorderies offrent un cadre unique où chaque individu peut contribuer, s'entraider, et se réaliser grâce à une « monnaie-temps » qui valorise les services rendus entre membres. C'est un modèle d'entraide qui transforme le rapport au travail et renforce le tissu social en permettant à chacun d'agir concrètement pour sa communauté. En réinventant la solidarité, les Accorderies redonnent confiance aux individus et favorisent une véritable mixité sociale.

ACI
ENGAGÉS À SATISFAIRE DES BESOINS ESSENTIELS NON RECONNUS

À partir de témoignages introductifs (accueil de migrants, accès à l'emploi, lutte contre la pauvreté), la table ronde proposera de faire émerger la valeur sociale des activités et des engagements pris pour répondre à des besoins essentiels non reconnus par la société. Elle soulignera les enjeux en matière de cohésion sociale, de dignité humaine et de démocratie.

LES CENTRES SOCIAUX
ENGAGEMENT ET CONTRIBUTION À LA SOCIÉTÉ : L'APPROCHE DES CENTRES SOCIAUX

Foyers d'initiatives portés par des habitants, accompagnés par des professionnels, les centres sociaux fondent leur approche sur la pleine reconnaissance de la contribution des habitants de tous âges, de toutes origines, de tous milieux, pour améliorer les conditions de vie, faire vivre le lien social, les solidarités et construire une société plus juste. S'engager sous une forme ou une autre dans un centre social c'est « augmenter » sa vie, la rendre plus dense, plus riche par la rencontre de l'autre (un autre à la fois différent et proche) et par l'agir en commun, qui n'est rien d'autre que du travail vital par essence. Pourtant, cette contribution et sa valeur, pour les personnes comme pour la société restent encore souvent trop peu reconnues par les pouvoirs publics.

COWORK MAGIS, PÉPINIÈRE ENGAGÉE
COMMENT AIDER DES JEUNES ENTREPRENEURS À CONSTRUIRE UN AVENIR MEILLEUR ?

Comment une pépinière de jeunes entrepreneurs s'appuie-t-elle sur la spiritualité jésuite pour innover dans l'accompagnement ? Dire le travail, des récits pour celles et ceux qui font le monde. Des récits pour promouvoir le travail vivant. Si le travail est une activité humaine à part entière, et pas seulement un emploi à occuper, des tâches à effectuer, alors il y est question d'intelligence, d'émotions, de valeurs, de rapport aux objets, d'attention à autrui, au monde ; alors il y a de quoi dire, et d'abord raconter : ce que je voulais faire, que j'ai réussi à faire, ce que ça m'a fait, à moi, aux autres. Raconter pour mieux faire, raconter pour transmettre, raconter pour assumer ce que l'on fait.

Professionnels de l'écriture, de l'analyse du travail, de la formation, nous suscitons la parole de celles et ceux qui travaillent, dans le cadre d'entretiens ou d'ateliers, pour la mettre en forme, en récits individuels ou polyphoniques, pour la rendre publique, au sein de collectifs ou dans l'espace médiatique.

HABITAT ET HUMANISME, BÂTISSEURS DE LIENS
S'ENGAGER POUR LES AUTRES : LES NOUVELLES TENDANCES DU BÉNÉVOLAT EN FRANCE

En 2024, un Français sur quatre est engagé dans l'associatif. Même si ce chiffre est important, depuis la crise du Covid, l'engagement bénévole se transforme, il évolue. Les motivations sont différentes, les modalités d'engagement aussi. Comment les associations font-elles face à ce phénomène ? Comment s'adaptent-elles à ces transformations ? Depuis près de 40 ans, Habitat et Humanisme agit en faveur du logement, de l'insertion et de la recréation de liens sociaux. Et pour mener à bien cette mission, 6000 bénévoles sont engagés dans des fonctions des plus variées.

MOUVEMENT CHRÉTIEN DES CADRES
VIVRE LA PENSÉE SOCIALE CHRÉTIENNE DANS NOS LIEUX DE RESPONSABILITÉS

Le MCC est un mouvement apostolique de laïcs reconnu par l'Église. Il s'adresse à toute personne exerçant des responsabilités dans la société, quelle que soit sa profession et quelles que soient ses responsabilités. Le MCC a pour mission d'aider ses membres à agir davantage selon l'Esprit du Christ dans tous les lieux où s'exercent leurs responsabilités, partout où s'élaborent et se déterminent leurs décisions. Il apporte une attention privilégiée aux situations et aux responsabilités liées à la vie professionnelle. En vue de bâtir un monde plus humain, il invite ses membres à témoigner de leur Espérance, en cherchant à vivre et travailler autrement.

Les membres se réunissent en équipe constituée d'une dizaine de personnes et d'un accompagnateur spirituel appelé par le mouvement. Les équipiers échangent à partir de leur expérience et des situations vécues sur les questions auxquelles ils sont confrontés dans leurs lieux de responsabilités pour discerner et éclairer leurs choix. Des événements nationaux ou régionaux, des rencontres thématiques, des supports de réflexion (livret, formations, revue Responsables), des partenariats avec d'autres mouvements d'Eglise ou organisations internationales (OIT), sont également proposés par le Mouvement pour accompagner ses membres.

L'EXPÉRIENCE COOPÉRATIVE DE MONDRAGON

On disait que c'était impossible, mais nous l'avons fait. Et nous continuons à le faire. Mondragon est un défi aux façons conventionnelles de comprendre l'entreprise. Il s'agit du plus grand groupe de coopératives de travailleurs au monde, avec des entreprises dans divers domaines. Plus de 70 500 personnes travaillant dans quatre-vingts coopératives et dans plus d'une centaine d'usines à travers le monde, vendant des produits et des services dans plus de 150 pays, avec un chiffre d'affaires d'environ 12 000 millions d'euros par an. Une vocation de transformation de la société, par des entreprises compétitives, depuis 1956, avec la création de la première coopérative promue par le prêtre catholique Jose Maria Arizmendiarrieta.

COLLECTIF POUR LA PAROLE DE CHÔMEURS
QUEL ACCOMPAGNEMENT VERS UN TRAVAIL DÉCENT ?

Très souvent, les demandeurs d'emploi ont besoin, avant de postuler à un emploi, de résoudre de nombreux problèmes personnels, santé, logement, précarité.

Un accompagnement personnalisé doit permettre au demandeur d'emploi en tout premier lieu de retrouver confiance en lui. Cela passe par une écoute toujours bienveillante des difficultés rencontrées, du découragement, de l'incompréhension, du regard des autres sur la personne. C'est l'une des raisons pour lesquelles l'accueil et l'écoute sont toujours nécessaires. Seulement après cette étape, plus ou moins longue, pourront être proposées des formations techniques, libres, volontaires et gratuites. Si l'association n'est pas en mesure d'y répondre, elle se doit d'orienter la personne vers les structures, institutions, associations compétentes et de les y aider. Cet accompagnement nécessite des bénévoles qui acceptent de se former.

Comment aider les chômeurs à sortir de leur isolement, leur apporter un soutien moral et spirituel ?

Lors des entretiens réalisés pour la rédaction du livre blanc « Paroles de Chômeurs » sorti le 25 janvier 2022, il est apparu qu'en dehors de l'accompagnement pratique (rédaction de CV, de lettres de motivations, prospection, préparation des entretiens), les personnes en recherche d'emploi étaient également à la recherche d'un soutien moral car la période de chômage ne les touchait pas uniquement matériellement, mais engendrait également une remise en question au niveau « spirituel » sur notre rôle dans la société, le but de notre vie, qui peut être douloureuse à une période où tout est loin de se dérouler comme nous l'aurions souhaité. L'objectif principal des groupes de parole est de permettre un échange entre les participants et de créer une dynamique de groupe positive qui permette aux participants de se sentir revigorés après le partage dans une période qui n'est pas facile à vivre au niveau individuel.

SECOURS CATHOLIQUE CARITAS FRANCE

L'enjeu est de montrer comment la protection sociale de proximité assumée par les plus précaires d'entre nous, ces actes indispensables du quotidien, contribuent à faire société, dans une dimension conviviale et fraternelle. Il s'agit aussi de pleinement reconnaître que ces contributions sont vitales pour la société et de témoigner notre reconnaissance à tous ces acteurs – et plus souvent actrices – du lien social. La bonne nouvelle est que des pistes existent pour une pleine reconnaissance de la valeur de ce « boulot de dingue ». La meilleure reconnaissance des aidants familiaux (mais limitée aux aidants par ailleurs en emploi), la validation des acquis de l'expérience (VAE), les statuts de pompiers volontaires ou de jurés d'assises, la prise en compte de l'éducation des enfants dans la validation des trimestres de retraite, ... tout cela montre qu'il est possible d'aller plus loin dans la reconnaissance des activités utiles et vitales pour la société. Il s'agit d'en discuter ensemble, comme un enjeu démocratique, pour valoriser la place du travail hors emploi dans notre société, sécuriser les personnes qui le réalisent et reconnaître toute la valeur de cette « protection sociale de proximité ». Celle-ci est aussi un antidote au poison des discours stigmatisants à l'endroit des personnes privées d'emploi qui divisent notre société et affaiblissent la solidarité nationale.

SOLIDARITÉS NOUVELLES FACE AU CHÔMAGE
LE CHÔMAGE, UN PROBLÈME RÉGLÉ ?

Si le chômage de courte durée a baissé notablement pour se situer aux alentours de 7,3% en moyenne en France, il est resté de l'ordre de 700 000 chercheurs d'emploi pour les personnes en recherche depuis un an ou plus. Aujourd'hui, il y a environ 10 fois plus de personnes qui cherchent que de jobs à pourvoir à un instant T. Le regard sur les chercheurs d'emploi s'est durci (et l'exemple vient d'en haut).

La raison d'être de SNC, « rendre possible l'accès à l'emploi », s'incarne dans une méthode d'accompagnement, en binôme, sans limitation de durée et gratuite. Elle s'appuie sur 1900 bénévoles en France, des formations qui se sont construites dans le temps et qui sont animées par des bénévoles et un réseau de 70 psychologues bénévoles. Cela nous donne la légitimité et la responsabilité de porter la parole des chercheurs d'emploi qui sont très isolés et très peu visibles. À la question : pourquoi allons-nous travailler, je répondrai volontiers : écoutons ceux qui ne vont pas travailler, ils apportent « en creux » une réponse intéressante : finalement, que disent du travail ceux qui en sont privés ?

Annexes

L'histoire, les hommes, l'activité des Semaines sociales

1904-2024 : plus d'un siècle d'engagements

Les Semaines sociales de France ont été créées en 1904 par Marius Gonin et Adéodat Boissard, deux catholiques laïcs soucieux de faire connaître la pensée sociale de l'Église et d'en appliquer les enseignements à l'actualité. L'initiative prolongeait l'encyclique *Rerum novarum* (1891) du pape Léon XIII dénonçant les conditions de travail des ouvriers.

Depuis lors, les Semaines sociales n'ont cessé de se préoccuper des mutations économiques, politiques, culturelles, scientifiques et technologiques, ainsi que de leur incidence sur la société, à la lumière de la pensée sociale de l'Église et de son évolution. Elles s'expriment notamment par une session annuelle consacrée à un grand thème de réflexion : université ouverte, accueillant un public large, mais aussi itinérante, ces assemblées se déroulant au fil des ans dans des villes d'accueil différentes.

Ainsi les Semaines sociales ont-elles traité entre les deux guerres des grands problèmes sociaux, des inquiétudes de l'époque liées au maintien de la paix, à l'évolution de la démocratie. Après la seconde guerre mondiale, elles ont abordé avec une optique économique prononcée les problèmes du tiers-monde et les phénomènes sociaux. Dans les années 2000, elles ont successivement débattu de l'évolution de la famille, de la relation entre mondialisation et nations, du rôle de l'argent, des enjeux de l'Europe, de la transmission, de « Qu'est-ce qu'une société juste ? », du développement durable et solidaire, des nouvelles solidarités, des migrants, des nouvelles formes de démocratie, du genre, du travail, des religions et cultures, de l'éducation, etc. En 2018, les Semaines sociales de France ont souhaité prendre du recul, pour repenser à mots nouveaux les enjeux de l'association, cela a donné lieu aux Rencontres du christianisme social à Nogent-sur-Marne.

En 2019, les Semaines sociales décident de consacrer deux sessions à la question des fractures sociales. La première partie consacrée au constat cherche les moyens de Refaire société. Le deuxième temps, en 2020, bouleversé par la crise sanitaire du coronavirus, incite les participants à passer à l'engagement pour reconstruire la société. Après cette réflexion de fond sur les fractures, les Semaines sociales proposent pour les années 2021-2022 un cycle résolument tourné vers demain en adoptant un regard d'espérance, bien que lucide. En 2021, elles ont donc Osé rêver l'avenir et, en 2022, elles ont fait le choix de la fraternité pour bâtir un avenir durable. En 2023, face à la réalité du changement climatique, la question de l'écologie et de son traitement par l'individu et le citoyen s'impose. En 2024, le travail est à nouveau interrogé face aux enjeux de reconnaissance, de dignité et de sens qui le bousculent.

Le projet associatif des Semaines sociales de France

L'association des Semaines sociales de France n'a cessé de se renouveler pour mieux comprendre les évolutions du monde. Aujourd'hui, les crises que traversent la société et l'Église catholique, la nécessité de trouver de nouvelles formes de transmission obligent à questionner le rôle du christianisme social. Ce qui a donné lieu à l'élaboration d'un nouveau projet associatif en 2018. Dans une société fragmentée et une Église en souffrance, l'association se veut une école du débat, un débat libre, respectueux et bienveillant, qui éclaire et permet d'avancer, en proposant un dialogue apaisé et constructif entre les chrétiens et la société, et aussi au sein de l'Église catholique elle-même. Les Semaines ont pour ambition d'être un espace, un « creuset », un terreau qui facilite l'émergence de solutions nouvelles, en réunissant des personnes et des groupes de sensibilités différentes, pour qu'elles mettent ensemble leurs expériences de terrain et leurs réflexions, afin de créer du commun et construire de la cohérence.

Les idées des Semaines sociales à l'origine de grandes réformes

Dès avant 1914, les Semaines proposaient l'assurance chômage, le développement généralisé de l'assurance-maladie, l'impôt progressif sur le revenu, l'égalité des salaires masculins et féminins, le salaire minimum garanti pour le travail à domicile, la journée de huit heures, le congé hebdomadaire généralisé du samedi après-midi, etc. Beaucoup de ces réformes n'interviendront que cinq, dix ou même cinquante ans après. En 1987, les Semaines sociales militaient pour le RMI qui dut encore attendre quelques années pour être instauré. En 2000 a été lancée, à la tribune des Semaines, l'idée d'un « statut du travailleur », pour mieux organiser le temps d'activité et de formation, et mieux gérer les transitions entre deux emplois ; en 2004, ce fut l'idée d'un service civil européen ; en 2013, à la suite du statut du travailleur fut formulée la proposition d'un « livret professionnel universel », dont une application à la formation a été votée en 2014. En se plaçant dans une vision chrétienne des problèmes sociaux, économiques et politiques de leur temps, les Semaines sociales ont, par leurs propositions, anticipé et influencé des solutions qui allaient s'imposer à plus ou moins long terme dans l'évolution de la société.

De grands intervenants aux Semaines sociales

Aujourd'hui comme hier, des personnalités de haut niveau se sont régulièrement exprimées à la tribune des Semaines sociales : Olivier Abel, Sylviane Agacinski, Michel Albert, Jacques Arènes, Martine Aubry, Bertrand Badré, Jacques Barrot, Monique Baujard, François Bayrou, Jean-Louis Bianco, Pauline Bebe, François-Xavier Bellamy, Cheikh Khaled Bentounes, Rachid Benzine, Laurent Berger, Xavier Bertrand, Jean-Paul Betbèze, Maurice Blondel, Loïc Blondiaux, Jean

Boissonnat, Michel Bon, Jean-Louis Bourlanges, Christine Boutin, Sylvie Bukhari-de-Pontual, Adrien Candiard, Damien Carême, Virginie Cartier, Grégoire Catta, Henri de Castries, Bertrand Collomb, Jean-Paul Delevoye, Jacques Delors, Jean-François Deniau, Marie Derain, Sophie Dubuisson-Quellier, Élizabeth Ducottet, Marie-Guite Dufay, Cécile Duflot, Xavier Emmanuelli, Claude Evin, Véronique Fayet, Fatima Fetouhi, Étienne Fouilloux, Jérôme Fourquet, Geneviève Fraisse, Bruno Frappat, Franck Fregosi, François Garay, François Garçon, Marcel Gauchet, Bronislaw Geremek, Sven Giegold, Pierre Giorgini, René Girard, Pierre-Noël Giraud, Sylvie Goulard, Juliette Grange, Samuel Grzybowski, Élisabeth Guigou, Henri Guitton, Claire Hédon, Danièle Hervieu-Léger, Martin Hirsch, Georges Hourdin, Emmanuel Hugo, Philippe d'Iribarne, Yannick Jadot, Jacques Julliard, Jean-Claude Juncker, Alain Juppé, Agnès von Kirchbach, Gerhard Krinner, Julia Kristeva, Philippe Lamberts, Pascal Lamy, Dominique Lang, Elena Lasida, Boris Le Hir, René Lenoir, Didier Leschi, Alain Lipietz, Thierry Magnin, Pierre Manent, Véronique Margron, Jean-Luc Marion, Jacques Maritain, Hervé Mariton, Valérie Masson-Delmotte, Jean-François Mattei, Philippe Maystadt, Dominique Méda, Laurence de Nervaux, Francis Mer, Olivier Mongin, Mgr Éric de Moulins-Beaufort, Nicole Notat, Asma Nouira, Béatrice Oiry, Christine Pedotti, Vincent Peillon, Bernard Perret, Michelle Perrot, François Perroux, Jean-Marie Petitclerc, Jean-Philippe Pierron, Lucie Pinson, Romano Prodi, Viviane Reding, René Rémond, Cécile Renouard, Andrea Riccardi, Paul Ricœur, Michel Rocard, Robert Rochefort, Benoît Roger-Vasselin, Pierre Rosanvallon, Geoffroy Roux de Bézieux, Joseph Rovan, Albert du Roy, Éric Salobir, Nathalie Sarthou-Lajus, Frédéric Saint-Geours, Nicolas Sarkozy, Jean-Marc Sauvé, Lucile Schmid, Antoine Seigle-Ferrand, Pierre Servent, Bernard Stasi, Nicholas Stern, Dominique Strauss-Kahn, Mathilde Szuba, Claude Thélot, Paul Thibaud, Marisol Touraine, Paul Valadier, Cédric Van Styvendael, Xavier de Verchère, Antoine Vermorel-Marquez, Laurent Villemin, François Villeroy de Galhau, Vaira Vike-Freiberga, Patrick Viveret, Frédéric Worms, Jean-Guilhem Xerri.

Les instances et l'organisation des Semaines sociales de France aujourd'hui

Le conseil d'administration choisit le thème des réflexions et assure le déroulement des rencontres. Pour faire ce travail, il s'entoure de commissions spécialisées, composées de membres du conseil, des responsables des antennes régionales des Semaines sociales de France et de personnes ayant une expertise en lien avec le thème abordé issues des associations et mouvements partenaires. Tous les membres de ces instances sont bénévoles.

Le conseil s'appuie sur une équipe permanente constituée de Charles Dalens, Jocelyne Jenot et Sophie Mistral.

Membres du conseil d'administration

Isabelle de Gaulmyn (présidente), Laurent de Mautort (secrétaire général), Thibault de Tersant (trésorier), Anne-Sophie de Quercize (vice-présidente), Alban Sartori (vice-président), Christophe Bellon, Catherine Belzung, Arnaud Broustet, Michel Camdessus, Michel Cool, Pierre-Henri Duée, Jeanne-Emmanuelle Hutin-Gapsys, Alice Le Moal, Pierre-Yves Le Priol, Grégoire Lefèvre, Dominique Pannier, Olivier Paquier, Dominique Pelloux-Prayer, Françoise Philip, Jean-Luc Philip, Dominique Quinio, Frère Jacques-Benoît Rauscher, Sophie de Ravinel, Valérie Régnier, Marcel Rémon, Philippe Segretain, Geoffroy de Vienne, Jérôme Vignon, Éric Wendling.

Présidents d'honneur

Michel Camdessus, Jérôme Vignon, Dominique Quinio.

L'ancrage de proximité des Semaines sociales de France

Depuis des décennies, les Semaines sociales sont attachées à l'existence d'une réflexion de proximité, en lien avec la variété des territoires. À cette fin, elles s'appuient aujourd'hui sur un réseau d'antennes régionales, associations de laïcs qui, dans plusieurs villes de France, s'inspirent des mêmes valeurs sociales chrétiennes, du même goût de l'engagement et de la même méthode d'organisation de débats ouverts à toutes les sensibilités, sur des thèmes d'actualité, qu'ils soient politiques, économiques, sociaux, scientifiques ou culturels.

La démarche européenne des Semaines sociales de France

Au cours des années 90, les Semaines sociales de France ont pris acte du fait que les problèmes de société ne pouvaient désormais être étudiés et débattus qu'en les situant dans le contexte européen. Des contacts ont été établis avec différents acteurs européens proches de l'esprit des Semaines sociales de France. Cette action de longue haleine s'est manifestée en 2004 par la présence de 1 000 participants européens à la Semaine sociale du centenaire. Le réseau s'est structuré et s'est donné un nom « IXE » (Initiatives de chrétiens pour l'Europe). Il rassemble près d'une vingtaine de structures en Europe de l'Ouest et de l'Est et prend position sur divers sujets. Par ailleurs, la formule des Semaines sociales semble séduire, puisque plusieurs pays organisent une Semaine sociale.

Renseignements
Semaines sociales de France, 15 Boulevard Gabriel Péri, 92240 Malakoff
Tél. +33 (0)1 74 31 69 00
Mail : semaines-sociales@ssf-fr.org
Site : www.ssf-fr.org

Les sessions des
Semaines sociales de France

Ire session - Lyon - 1904
   Une semaine sociale : cours de doctrines et de pratiques sociales
IIe session - Orléans - 1905
   Les conceptions individualiste et sociale de l'homme
IIIe session - Dijon - 1906
   Famille, profession et cité
IVe session - Amiens - 1907
   Les principes de l'économie chrétienne
V^e session - Marseille - 1908
   Collaboration des citoyens à l'application des lois sociales
VIe session - Bordeaux - 1909
   Association et protection du travail
VIIe session - Rouen - 1910
   Fonction sociale des pouvoirs publics
VIIIe session - Saint-Étienne - 1911
   Personne humaine et régime économique
IXe session - Limoges - 1912
   Familles et mœurs contemporaines
X^e session - Versailles - 1913
   L'idée de responsabilité
XIe session - Metz - 1919
   Développement du christianisme social en France
XIIe session - Caen - 1920
   La crise de la production et la sociologie économique
XIIIe session - Toulouse - 1921
   La crise de la probité publique et le désordre économique
XIVe session - Strasbourg - 1922
   Le rôle économique de l'État
XVe session - Grenoble - 1923
   Le problème de la population
XVIe session - Rennes - 1924
   Le problème de la terre dans l'économie nationale
XVIIe session - Lyon - 1925
   La crise de l'autorité
XVIIIe session - Le Havre - 1926
   Le problème de la vie intellectuelle
XIXe session - Nancy - 1927
   La femme dans la société

XXᵉ session - Paris - 1928
La loi de charité, principe de vie sociale
XXIᵉ session - Besançon - 1929
Les nouvelles conditions de la vie industrielle
XXIIᵉ session - Marseille - 1930
Le problème social aux colonies
XXIIIᵉ session - Mulhouse - 1931
La morale chrétienne et les affaires
XXIVᵉ session - Lille - 1932
Le désordre de l'économie internationale et la pensée chrétienne
XXVᵉ session - Reims - 1933
La société politique et la pensée chrétienne
XXVIᵉ session - Nice - 1934
Ordre social et éducation
XXVIIᵉ session - Angers - 1935
L'organisation coopérative
XXVIIIᵉ session - Versailles - 1936
Les conflits de civilisation
XXIXᵉ session - Clermont-Ferrand - 1937
La personne humaine en péril
XXXᵉ session - Rouen - 1938
La liberté et les libertés dans la vie sociale
XXXIᵉ session - Bordeaux - 1939
**Le problème des classes dans la communauté nationale
et dans l'ordre humain**
XXXIIᵉ session - Toulouse - 1945
Transformation sociale et libération de la personne
XXXIIIᵉ session - Strasbourg - 1946
La communauté nationale
XXXIVᵉ session - Paris - 1947
Le catholicisme face aux grands courants contemporains
XXXVᵉ session - Lyon - 1948
Peuples d'outre-mer et civilisation occidentale
XXXVIᵉ session - Lille - 1949
Réalisation économique et progrès social
XXXVIIᵉ session - Nantes - 1950
Le monde rural dans l'économie moderne
XXXVIIIᵉ session - Montpellier - 1951
**Santé et société. Les découvertes biologiques et la médecine
au service de l'homme**
XXXIXᵉ session - Dijon - 1952
Richesse et misère, croissance et répartition du revenu national

XLe session - Pau - 1953
  Guerre et paix. De la coexistence des blocs à une communauté internationale
XLIe session - Rennes - 1954
  Crise du pouvoir et crise du civisme
XLIIe session - Nancy - 1955
  Les techniques de diffusion dans la civilisation contemporaine
XLIIIe session - Marseille - 1956
  Les exigences humaines et l'expansion économique
XLIVe session - Bordeaux - 1957
  Familles d'aujourd'hui
XLVe session - Versailles - 1958
  L'enseignement, problème social
XLVIe session - Angers - 1959
  La montée des peuples dans la communauté humaine
XLVIIe session - Grenoble - 1960
  Socialisation et personne humaine
XLVIIIe session - Reims - 1961
  L'europe des personnes et des peuples
XLIXe session - Strasbourg - 1962
  La montée des jeunes dans la communauté des générations
L^e session - Caen - 1963
  La société démocratique
LIe session - Lyon - 1964
  Le travail et les travailleurs dans la société contemporaine
LIIe session - Brest - 1965
  L'homme et la révolution urbaine
LIIIe session - Nice - 1966
  L'opinion publique
LIVe session - Nantes - 1967
  Le développement, la justice et la paix
LVe session - Orléans - 1968
  L'homme dans la société en mutation
LVIe session - Lille - 1969
  Quelle économie ? Quelle société ?
LVIIe session - Dijon - 1970
  Les pauvres dans les sociétés riches
LVIIIe session - Rennes - 1971
  Contradictions et conflits. Naissance d'une société
LIXe session - Metz - 1972
  Couples et familles dans la société d'aujourd'hui
LXe session - Lyon - 1973
  Chrétiens et églises dans la vie politique

À compter de 1976, des Actes des sessions sont édités.

LXIᵉ session - Paris - 1976
Travail, inégalité et changement social
Éditions Desclée de Brouwer, Paris.

LXIIIᵉ session - Colmar - 1980
Santé et société
Éditions du Centurion, Paris.

LXIVᵉ session - Lille - 1982
Quel travail social pour notre temps ?
Éditions ESF, Paris.

LXVᵉ session - Bordeaux - 1986
La justice dans la vie des hommes d'aujourd'hui
Éditions ESF, Paris.

LXVIᵉ session - Paris - Saint-Denis - 1987
Travail et emploi ; problème de société et problème de l'homme
Éditions ESF, Paris.

LXVIIᵉ session - Paris - Saint-Denis - 1989
Les défis de la formation. quelle personne ? Pour quelle société ?
Éditions ESF, Paris.

LXVIIIᵉ session - Paris - Issy-les-Moulineaux - 1991
Concurrence et solidarité : l'économie de marché, jusqu'où ?
Éditions ESF, Paris.

LXIXᵉ session - Paris - Issy-les-Moulineaux - 1993
Les médias et nous. Quels pouvoirs ? quelles libertés ?
Éditions ESF, Paris.

LXXᵉ session - Paris - Issy-les-Moulineaux - 1995
Une idée neuve : la famille, lieu d'amour et lien social
Bayard Éditions, Paris.

LXXIᵉ session - Paris - Issy-les-Moulineaux - 1996
Entre mondialisation et nations, quelle europe ?
Bayard Éditions, Paris.

LXXIIᵉ session - Paris - Issy-les-Moulineaux - 1997
L'immigration, défis et richesses
Bayard Éditions, Paris.

LXXIIIᵉ session - Paris - Issy-les-Moulineaux - 1998
Démocratiser la république, représentation et participation du citoyen
Bayard Éditions, Paris.

LXXIVᵉ session - Paris - 1999
D'un siècle à l'autre : l'évangile, les chrétiens et les enjeux de société
Bayard Éditions, Paris.

LXXVᵉ session - Paris - 2000
Travailler et vivre
Bayard Éditions, Paris.

LXXVIe session - Issy-les-Moulineaux - 2001
Biologie, médecine et société. que ferons-nous de l'homme ?
Bayard Éditions, Paris.

LXXVIIe session - Paris - 2002
La violence. Comment vivre ensemble ?
Bayard Éditions, Paris.

LXXVIIIe session - Paris - 2003
L'argent
Bayard Éditions, Paris.

LXXIXe session - Lille - 2004
L'Europe. Une société à inventer
Bayard Éditions, Paris.

LXXXe session - Paris - 2005
Transmettre. Partager des valeurs, susciter des libertés
Bayard Éditions, Paris.

LXXXIe session - Paris - 2006
Qu'est-ce qu'une société juste ?
Bayard Éditions, Paris.

LXXXIIe session - Paris - 2007
Vivre autrement. Pour un développement durable et solidaire
Bayard Éditions, Paris.

LXXXIIIe session - Lyon - 2008
Les religions, menace ou espoir pour nos sociétés ?
Bayard Éditions, Paris.

LXXXIVe session - Villepinte - 2009
Nouvelles solidarités, nouvelle société
Bayard Éditions, Montrouge.

LXXXVe session - Paris - 2010
Migrants, un avenir à construire ensemble
Bayard Éditions, Montrouge.

LXXXVIe session - Paris - 2011
La démocratie, une idée neuve
Bayard Éditions, Montrouge.

LXXXVIIe session - Paris - 2012
Hommes et femmes, la nouvelle donne
Bayard Éditions, Montrouge.

LXXXVIIIe session - Paris, Lyon, Strasbourg - 2013
Réinventer le travail
Bayard Éditions, Montrouge.

LXXXIXe session - Lille - 2014
L'homme et les technosciences, le défi
Books on Demand*.

LXXXXe session - Paris - 2015
Religions et cultures, ressources pour imaginer le monde
Books on Demand*.

LXXXXIe session - Paris - 2016
Ensemble, l'éducation
Books on Demand*.

LXXXXIIe session - Paris - 2017
Quelle Europe voulons-nous ?
Books on Demand*.

LXXXXIIIe session - Lille - 2019
Refaire société, comment inventer des liens dans une France fracturée ?
Books on Demand*.

LXXXXIVe session - En ligne - 2020
Une société à reconstruire - Engageons-nous !
Books on Demand*.

LXXXXVe session - En ligne et à Versailles - 2021
Osons rêver l'avenir - Prendre soin des hommes et de la terre
Books on Demand*

LXXXXVIe session - En ligne et à Lille - 2022
La fraternité, notre combat pour bâtir un avenir durable
Books on Demand*

LXXXXVIIe session - En ligne et à Lyon - 2023
Écologie, préparons-nous à un changement radical
Books on Demand*

* sur commande sur www.bod.fr

Nos partenaires

Index des intervenants

**Un grand merci aux bénévoles membres de l'équipe
de pilotage ou animateurs et à nos partenaires,
qui ont œuvré à la qualité de cette rencontre**

Claire Degueil, Emmanuelle Enrici, Catherine Escrive, Frédéric Falleur,
Philippe Garabiol, Marie Dominique Garabiol-Furet, Isabelle de Gaulmyn,
Martin Julienne, Grégoire Lefèvre, Paul Lignières, Laurent de Mautort,
Alice le Moal, Eric Pailler, Pierre-Yves Le Priol, Anne-Sophie de Quercize,
Jacques-Benoît Rauscher, Sophie de Ravinel, Alban Sartori,
Daniel Verger, Éric Wendling.

Table des matières

Édition : BoD · Books on Demand,
31 avenue Saint-Rémy, 57600 Forbach, bod@bod.fr
Impression : Libri Plureos GmbH,
Friedensallee 273, 22763 Hamburg (Allemagne)

ISBN : 978-2-3225-5961-9 – Dépôt légal : Février 2025

création graphique de la session 2024 : LaCédégraphe